今すぐあなたを変える!

ビジネス脳を鍛える8つの行動習慣

精神科医
田中和秀

三和書籍

はじめに　～「脳が成長する人」になろう～

「重要なことを記憶して、次の機会にも活かしたい」

「モティベーションを上げて、バリバリ仕事ができるようになりたい」

「物事をポジティブに考えたい。嫌なことはなるべく早く忘れたい」


あなたは、このようなことを感じた経験はありませんか？

現代の厳しいビジネス社会において自分を守り育てる鍵、それはあなたの脳にあります。脳がどのように記憶し、考え、感じるのか。それを行動習慣に落とし込むためにはどうしたらいいのか。この本には、脳の活かし方を知り、さらに成長させるためのコツがつまっています。


私は精神科医として自分のクリニックを開業していますが、当院に来院される方の中で年間延べ約一万人が働く世代であるビジネスパーソンです。加えて、企業においても産業医として働く人の心と体を守る仕事をしています。

「精神科医っていうと、小難しい理論とか心の動きを考えている人たちでしょう？　僕は健康だから関係ないですね」

こう思われる方もあるかもしれません。確かに、これまで医療と言えば病気にかかった方に対応することが業務のほとんどを占めていました。もちろん今でも私の仕事のメインは病気にかかられた患者さんの治療であり、毎日心血を注いで取り組んでいます。

しかし、現代の日本社会は成熟し、ストレスは多様化して増加する一方です。仕事だけでなく家庭の悩みや生き方など様々な原因があり、複雑な問題があります。ストレスからメンタルダウンしてしまったり病気にかかる人も年々増えています。いろいろなことが言われていますが、誰が悪いというのではなく、非常に速いスピードで進む時代の流れに、生物としての人間が対応しきれていないのだと私は考えています。

私たち人間に備わっている脳と体の仕組みは、太古の昔に大型肉食獣から逃げつつ生活するためにつくられたものがベースになっています。その後も長らく人生におけるストレスと言えば食物が十分にない苦しさや寒さ暑さのことでした。ところが現代においてストレスとしてまず挙げられるのは人間関係や情報技術への適応です。
このように内容が大きく変化しているにも関わらず、ストレスがかかった時に私たちの体で生じる反応は一定です。脳と体のメカニズムは昔と大差ないのです。

時代の変化とともに、私たちの中で遺伝子は柔軟に変化してストレスに対応しようとしています。脳や体のメカニズムも変わる力をもっていますが、その歩みは世の中の速度にはかないません。社会やストレス構造の変化の中で、私たち人間は、まだストレスに対応する準備ができていないといっていいでしょう。

私は精神科医として、ストレスによって生じる脳の疾患から働く人を守り、予防するための活動に携わっています。これまでの研究や臨床経験から得られた知識を皆様に知っていただきたくてこの本を執筆しました。それは病気になってしまった人にしか有効なものではありません。むしろ、全ての人が自分の脳と体について知り、よりよく活用することで、生活を豊かにしてビジネスを成功させることができる知識なのです。

この本を読んで脳に関する知識とその活用法である行動習慣を身につけていただくこと

で、仕事のパフォーマンスを向上させることができます。さらに激変する現代の中で変化に対応するためにはどうすればよいのかという生き残る戦略としてのストレスマネジメントについて知ることができます。

あなたが知識と能力を高めることで、子どもや家族など周囲の人々、同僚や部下、多くの人々に良い影響を与えることができます。一人ひとりがより活躍できるようになり、その影響が波紋のように広がっていくのです。健康的な活力、やる気を引き出す雰囲気、働きがいのある風土を作るのはその組織に所属する個人が元気で頑張れるからであり、それが「伸びる部署」「強い組織」「成長する企業」を支えているのです。

この本に書かれている行動習慣はちょっとした脳の知識であり、それを活かすための生活のコツです。そのコツを知っているかどうか、そして行動習慣に落とし込めるかどうか、ちょっとした違いが後になって大きな結果をあなたにもたらします。

自分をより成長させるために、そして周囲により良い影響を与えるために、知識と言うランプを手に入れ、その光を照らして勇気を持って進みましょう。たった一度の人生を有効に活用しましょう。進むことで、必ず新しい自分に出会えるはずです。

本書があなたの脳と体にとって小さな灯りとなることを願ってやみません。

今すぐあなたを変える！
ビジネス脳を鍛える8つの行動習慣　目次

行動習慣2 「脳が成長する人」はその場で記憶する

行動習慣7

行動習慣 1

「脳が成長する人」は報酬を計算する

仕事をすると、対価がもらえる。
あたりまえのような話ですが、こんなところにも私たちの脳の秘密があります。

あなたは、何のために仕事をしていますか？

突然ですが、この質問にあなたはどう答えますか？

「給料です。生きていくのに必要なお金のため」
こう答える人は多いでしょう。「時給一〇〇〇円の仕事」という表現は、まさに自分が働いた時間を金銭的価値に換算しているといえます。誰にでもできるわけではないような難しい仕事は、やる人が少ないので比較的高い給料をもらえます。休日や夜に働かなければいけない仕事も、やりたい人が少ないので給料が高くなります。

ある行動に対して得られる対価は、「報酬」です。

では、報酬とは金銭のことで、人はお金のためだけに働いているのでしょうか？

仮に今、皆さんに宝くじが当たって六億円手に入ったとします。とりあえず会社を辞めて世界一周に出かける。ベンツを買う。豪邸を建てるなど、さまざまな夢がふくらみますね。

でもその後の人生において、全く働かないという人は少ないでしょう。毎日遊んでいるばかりだと、暇を持て余してしまいます。

遠い地域のマンションを購入して人に貸し、その賃貸料を運用することにして、旅行がてらときどきマンションを見回ることにする。あるいは、お金を全くもらわずにボランティア活動をすることにして、世の中の役に立つことに時間と労力をささげる。

たとえ宝くじが当たって一生食うに困らない状態になったとしても、何らかの形で「働く」という活動を続け、毎日家に引きこもってゴロゴロ寝てばかりとはならないのではないでしょうか。

お金が十分あっても人間は働くという実際の例があります。マイクロソフトのビル・ゲイツ会長は二〇〇九年に推定四〇〇億ドルの資産を保有していますが、ビル・アンド・メリンダ・ゲイツ財団の共同会長として途上国のエイズ、マラリア、結核の根絶や教育水準の改善などに力を尽くしており、今なお忙しく妻と一緒に世界中を飛び回っています。

つまり人間が、自分の働いた仕事に対して期待するものは金銭だけではありません。その他の要因もあると考えられます。

あなたは、何のために仕事をしていますか?

この問いに対してはこういう答えもあるでしょう。

「自分のスキルを磨くためです」

給料が安くても自分の技術がどんどん上達していくのが分かるような仕事なら、技術を学びたいと思う人が働きにやってきます。

例を出してみると、料理の世界では最初安い給料で長時間働かなければいけません。調理学校を出たての若い職人が苦労して修行時代を送る。そのうち料理の腕前が上がり、たくさんの料理ができるようになり、店を任されるまでに上達し、いずれは自分の店を出すまでに成長します。

彼が修行した店から仕事の代価として受け取ったものは、給料としての金銭だけではありません。料理の技術、客の接待、仕入れの仕方、店の経営など、目に見えない部分の方がはるかに大きいのです。

また、こういう答えはどうでしょうか。

「お客様に『いいサービスをしてもらってありがとう』って言われると嬉しいです」

ホテルのサービス係は、世界各国から訪れるゲストにさまざまな要望を出されます。子どもが喜ぶ穴場の観光地を教えてほしい、自分の宗教にそぐうレストランを手配してほしい、近くのマラソンコースを知りたい、明日までにどうしてもシャツをクリーニングしてプレスしてもらいたい……。お客に合わせて一つずつ問題を解決しなければなりません。

彼女はどうしてこんな面倒な仕事を毎日しているのでしょうか。それは、自分の仕事への誇りと、感謝されることの嬉しさです。自分のした仕事を誰かにほめられる、他人から自分を求められているということが、彼女にとって金銭と同じくらい、もしかするともっと大きな喜びとなっています。

二人の例から分かるように、

私たちの行動を突き動かしているのは金銭という報酬だけではありません。

先ほどの料理人にとっては料理の技術と経験が報酬です。ホテルのサービス係にとっては仕事への誇りを感じることと感謝されることが報酬です。

仕事をしていて、金銭だけが報酬になっているという方は非常に少ないのではないでしょうか。仕事へのやりがい、スキルアップ、上司からの承認、会社での昇進、社会全体への貢献など、私たちにとってさまざまなことが報酬となり得ます。

では、どうして私たちは有形無形のさまざまなものを報酬であると判断するのでしょうか。

それは私たちの脳内で起きていることに秘密が隠されています。なぜなら、

報酬を決定するシステム、報酬系は脳内で判断されている

からです。私たちは普段、無意識にこの報酬系という「報酬を決定して行動させるシステム」を回しています。しかしこのシステムを意識的に上手に活用できるようになれば、自分の行動パターンを変えることができます。

例えば、
・十年来やめられなかったタバコをやめるにはどうしたらいいいか。

・面倒でやりたくない仕事を、自分からしたくなるためにはどうしたらいいか。

これらを、報酬系によっていい方向に持っていくことが可能です。

では、脳内で報酬を決めているシステム「報酬系」について、詳しく見ていきましょう。

報酬系の仕組み

まずは、簡単な報酬系の仕組みを見てみましょう。

人間の脳は複雑なので、まず人間よりも原始的と考えられる動物から見ていきます。

餌、水、子孫を残すことなど、基本的な欲求の充足が報酬となる動物の報酬系は人間よりも理解しやすくなっています。

ネズミがどうやって報酬を学習するのか調べた実験があります。

その実験ではネズミを特殊な飼育箱に入れました。箱の中にはレバーがあり、ネズミがレバーを押すと餌が転がり出てくるようになっています。

最初のうちネズミは「レバーを押したら餌がもらえる」という仕組みが分かりませんから、むやみに箱の中を走りまわります。そのうち偶然レバーに当たって餌が出てきます。二回、三回と餌が出てくるうちに、ネズミもレバーの存在に気がつきます。どうやら、このレバーを押すことと餌が出てくることは関係しているらしい。

最終的には、ネズミは「レバーを押したら餌がもらえる」ということを経験から学習し、餌が出てくるまでレバーを押すようになります。

脳は「気持ちいいと感じたことを繰り返す」ようにプログラムされています。これが報酬系と呼ばれるシステムです。

ネズミは、餌を食べて「おいしかった、お腹がいっぱいになった」と感じて気持ちよかったので、それを繰り返すためにはレバーを押さなければいけないということを学習したわけです。

気持ちいいと感じた時、脳内ではドパミンという神経伝達物質が放出されます。

ドパミンは化学物質であり、人間、サル、イヌ、ネズミのような哺乳類から鳥類の脳においても存在しています。

「気持ちいいと感じた時ドパミンが放出される」わけですから、脳内でドパミンを放出させることになる刺激は1種類ではありません。人間においては食事を取った時のおいしさや水を飲んで渇きを潤した時の気持ちよさというような原始的な喜びから、仕事が成功した時の達成感や人の役に立った時の満足感というような高度な喜びまで、同じように脳内でドパミンが放出されます。

つまり、基本的な欲求であっても、高次元の喜びであっても、それが満たされた時に、人間の脳内で起きる現象は同じなのです。図1

例えば、次のような行動について考えてみましょう。

リンゴをもいでくる　↓　食べる　↓　おいしい

この「おいしい」と感じるのは人間にとってごほうびです。リンゴを食べたらおいしかった。もっとリンゴを取ってこよう。そうしたらもっと「おいしい」と感じられて楽し

図１：報酬の仕組み

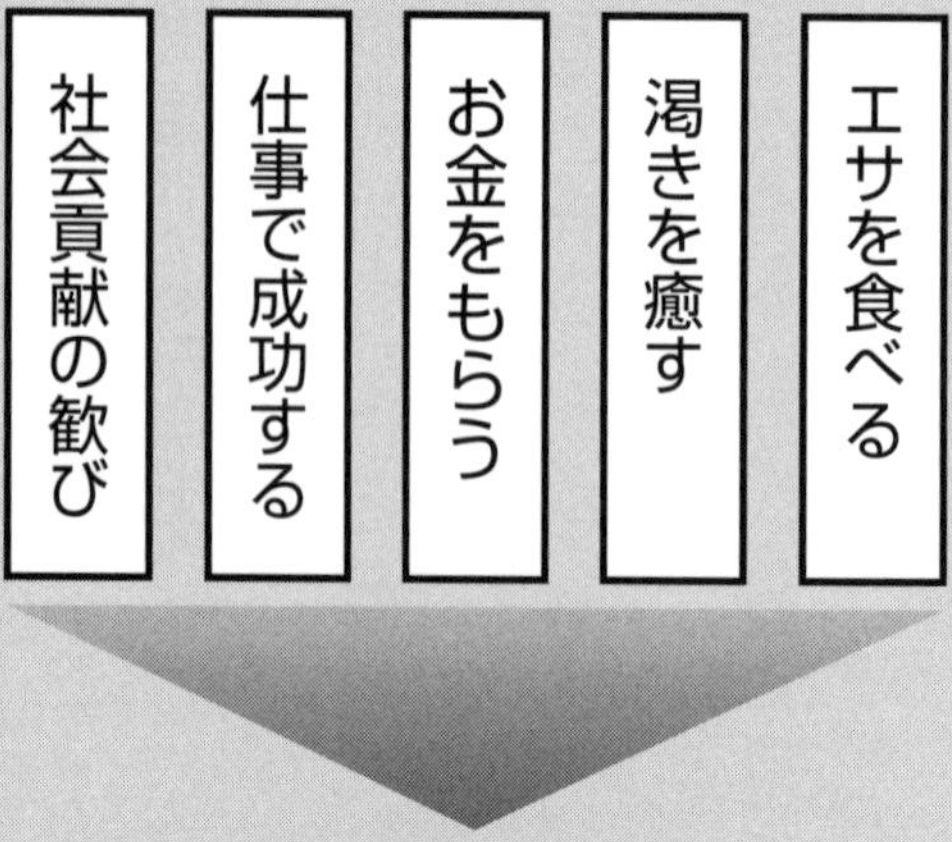

うれしい気持ちや気持ちいいと感じることには、様々な場面がある。しかし脳内では全て同じ現象

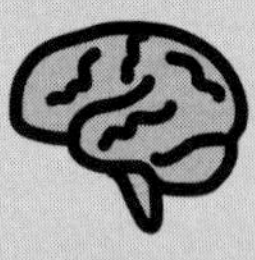

うれしい、気持ちいいと感じるのは脳内物質「ドパミン」の仕業である

いだろう、こうして「リンゴを手に入れる」という行動を繰り返し選択して、どんどん行うようになること、これを「行動強化」といいます。

私たちの脳は、快楽という報酬をあやつることで、生き残るのに必要な行動を私たち自身に取らせるように仕向けているのです。

どうして禁煙は難しいのか？　報酬系の罠

ネズミの報酬は簡単です。先ほどの餌をもらうためにレバーを押すラットで言えば、「レバーを押す技能が誰よりも上達する」ためにレバーを押し続けるラットはいませんし、「周りのラットの役に立って、尊敬される栄誉を手に入れる」ということもありません。

しかし、冒頭でみたように人間の報酬は非常に複雑です。

その中で特に不思議に思われるのが、

人間は有害な物質や刺激でも報酬系を回してしまう

ということです。「繰り返してしまう行動は生き残るのに必要だから」という原則に従うと、世の中にはおかしなところがたくさん出てきてしまいます。生き残るのに必要でない行動を繰り返してしまうことも多いのです。

例えば、どうして飲みすぎれば体に害があることがわかっているアルコールをおいしいと感じて毎日飲んでしまうのか。

どうして、「百害あって一利なし」と言われるタバコがやめられないのか。

これは報酬系と根っこの部分で深くつながっているのです。

ここで例を出しましょう。

私のクリニックに通っているAさんは二十歳過ぎから一〇年以上タバコを吸っています。浪人時代に友達に誘われて始めたタバコですが、結婚して子どもができた今もなかなかやめられません。妻から「ベランダで吸ってよ！」と冷たい視線を投げかけられながら、ついつい夕バコを買ってきてしまいます。

ある年の正月、子どもと書き初めをしながらAさんは考えました。

タバコ代は上がるっていうし、会社も禁煙になって肩身が狭いし、よし、今年の目標は禁煙にしよう。やればできるっていうところを子どもにも見せておかないと。

こう考えて、禁煙を始めたAさん。

「今回は頑張るから！」と家族や会社の同僚にも言いふらし、自信たっぷりでした。

ところがタバコをやめて二日目、夕食後になんだかそわそわして、タバコが吸いたくなってきました。そういえばいつも食後の一服をしていた時間だということに気付きましたが、なんとかこの時はお茶を飲んで乗り切りました。

次の日、会社で仕事が進まない時にふと「タバコを吸ったらリフレッシュするのにな……」と考えてイライラしそうになり、あわててガムをかみました。

こんなことが続き、三週間も経たないうちについ一本吸ってしまい、その後はあっという間に元通りになってしまいました。

Aさんは診察で、「吸う瞬間は悔しいなと思ったけど、すごい解放感があって気持ちよかった。ああこれだよなって思っちゃいました。当分禁煙はお預けですね」と話してくれました。

体にとって有害なのにはまってしまうのは、タバコだけではありません。

アルコールにはまってキッチンドリンカーになってしまう主婦もいます。家族に気づかれないように車のトランクや本棚の奥に焼酎を隠していたり、検査のために一泊入院した病院を抜け出してコンビニにアルコールを買いに行ってしまったりする人がいます。

あるいは、パチスロがやめられない大学生。仕送りの大半をパチスロにつぎ込み、消費者金融に手を出して多額の借金ができても、それでもパチンコ屋に行くのがやめられない。「この間当たったから、また当たるかもしれない」と、フィーバーした時の感覚や興奮を求めて毎日通ってしまい、家族や友人の忠告を聞かず、どんどん深みにはまってしまいます。

自分はギャンブルをしないいし、酒におぼれたりもしない、タバコも吸わない。誘惑に負けるような人間じゃないよ、と思っておられる方でも、こういう経験はありませんか？寝る前に、ふとTVの深夜番組に目がとまった。特にその番組を見たいわけではありません。お笑い芸人のトークやクイズが何の役に立つわけでもないし、明日は早いし、もうTVを消して寝ないといけない時間です。

でもクイズの答えが気になる。最近の放送は上手にCMをまたいで面白く構成されています。そこで、この番組を最後まで見たら寝ることにします。

最後まで見終わっても、つい次の番組も見てしまい、気づいたら夜遅くになってしまっていた、ということはないでしょうか。同じように、ネットサーフィンをしていたら数時間経ってしまった、テスト前なのに漫画やゲームにのめりこんでしまったという経験がある方は多いと思います。

楽しいことをしていると脳内でドパミンが出て、報酬系が回ります。

本来でしたら「明日は早いからもう寝ないといけない」とブレーキをかけることができますが、深夜は脳が覚醒度が落ちている状態、私たちがぼーっとして十分に理性が働かない状態ですから、ついつい「なんとなくTVを見ていて楽しい」「ネットをして楽しい」という報酬系が回ってしまい、その行動をキープし続けてしまうのです。

さらに問題なのは、アルコールやタバコ、有害ドラッグにはまる人です。これらの物質は生存にとって不必要であり、摂取し続けるのはむしろ有害といえます。パチンコや夜更かしTVなどの行動も、度を越してしまえば人間にとって悪いものになります。

どうして、これらの有害な刺激や行動を人間は取り続けてしまうのでしょうか。それは、

どのような刺激であっても、気持ちいいと感じることに対して人間の脳からは同じドパミンという物質が放出される

からです。アルコール、タバコ、有害ドラッグなどの物質は、脳内で受容体に結合してドパミンを放出させる系路を作動させます。パチンコで大当たりしたというような強烈な快的経験でも同じような作用が起こります。このような有害な刺激であってもドパミンは放出されるため、私たちは「気持ちいいからこれはいいことのはずだ。繰り返そう」と誤解してしまうのです。図2

食欲が満たされたという幸福に対してはこの脳内物質、アルコールを飲んだという幸福に対しては別の脳内物質、というふうに本来は異なる経路があればいいのでしょうが、残念なことにこの二つの違う刺激に対して私たちの脳からは同じドパミンが放出されてしまいます。

なぜかというと、生物としての人間の仕組みはそれほど進化していないからです。

二〇〇二年、人間は二万二〇〇〇程度の遺伝子からできていることが報告されました。

図２：報酬系の罠

アルコール、タバコ、有害ドラッグは脳内で受容体に結合し、ドパミンを放出させる経路を作動させる働きがある

ドパミンが放出されることにより、快楽＝良い事であると勘違いする

非常に複雑な仕組みをもつ生物である人間ですが、身体の設計図ともいえる遺伝子はたった二万二〇〇〇しかありません。たったの二万二〇〇〇です。このような少ない数で世の中に生まれてくるあらゆる物質に対応し、めまぐるしく変化する環境に適応していかなければなりません。そのためには、二万二〇〇〇の遺伝子を組み合わせて使い回すしかないのです。ですから、

ドパミンを放出させるような物質や刺激が来ると、たとえそれがアルコールやドラッグなど悪い刺激であっても、私たちの脳は「これはいい刺激だろう。こんなにドパミンが出てるんだから」と誤解してしまいます。悪い報酬系の罠にはまっている状態です。

禁煙しようとしたAさんですが、「タバコを吸ったら気持ちよくなる（報酬系を回せばごほうびがもらえるよ）」という記憶が残っていますから、タバコを吸うという行動をしないでおくために非常な努力が必要となり、挫折してしまいました。

餌をもらうためにレバーを押すラットのように、報酬系を満たすための行動から抜け出せなくなるのが依存症です。本人が「やめたいのにやめられない」というのはこの状態です。

では悪いものを止めるためにはどうしたらいいのか？　決して簡単ではありません。脳内報酬系の動かされやすさにはかなり個人差があることが分かっています。どんな刺激によって喜びを感じるかもさまざまです。

こってりした食事、甘いもの、食後の一服、深酒など、「周りに止められているのにやめられない」というものをお持ちの方は、次に欲しくなった時、一回だけやめてみてください。「なしでいること」が意外に簡単なことに気づくはずです。

報酬系を回さないことを続けていると、次第にその物質や経験を得たいという欲求が減少してきます。なしでいることに脳が慣れてくるのです。

「明日はどうなるか分からないけど、今この瞬間はやめてみよう」

これを続けることが最も成功する禁煙だといわれています。この本を読んだら、一回だけ、あなたのタバコやアルコールを我慢してみませんか。欲しくても我慢できたら、「自分の脳に勝った！」と自慢してください。

良い脳内報酬系とは？ ほめる、喜ばせる、くせになる

報酬系が回りすぎてしまう弊害について見てきました。

しかし、報酬系は悪いことをするばかりではありません。報酬系に振り回されるのではなく、逆に自分で発動させるようにすれば、非常に強い味方になってくれます。

こんな経験はありませんか？

英語が苦手な子が一念発起して単語や文法を勉強して、いい点を取った。親にほめられて、ゲームを買ってもらった。成績がよかったのが自分でも嬉しくて、英語の授業を一生懸命聞くようになり、さらに点数が上がって英語が得意科目と言えるくらいになった。

勉強したらごほうびがもらえた。この「ほめられて嬉しかった」体験は、脳の報酬系によってドパミンが放出されることによるのです。図3

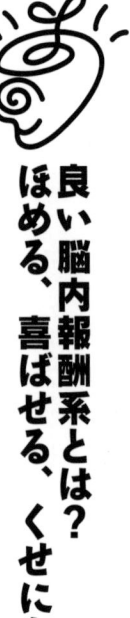

図３：頑張った自分へのごほうび

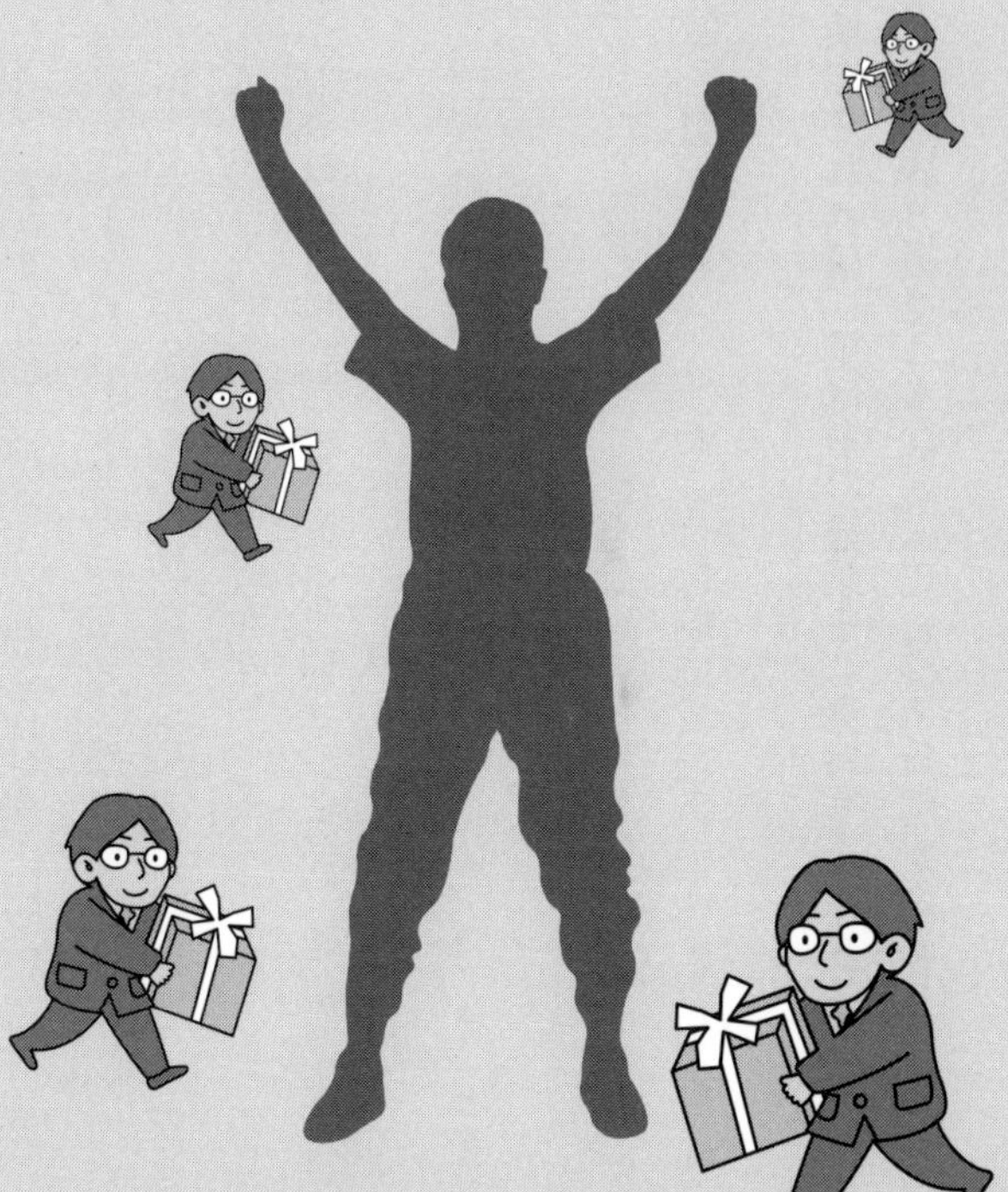
実は脳内でも本当のご褒美
「ドパミン」が出ている

「今、あなたがこの本を手に取っているのも、実は報酬系のなせる業です」と言うと驚かれるでしょうか？　以前に本を読んで、自分の仕事や生活に役に立った。その経験があるから、次にまた新しい本を手に取ることになります。

私たちがまだ餌をとって暮らしていた動物だった頃、餌場に行って運よく餌が手に入ると、「食べ物が手に入って嬉しい」と報酬系が回っていました。その場所を記憶し、もう一度同じ行動ができるように、この報酬系を回すことができるヒトだけが生き残ってきました。

この本を読んで、「役に立った」と報酬系を回していただけることを私も願っています。

さて、ほめられたら嬉しかった。仕事でいい結果を出したら満足感があった。この喜びも、先ほどのタバコやアルコールのように脳内でのドパミン放出につながります。

ドパミンが放出されれば、脳はその経験を「気持ちよかったこと」として記憶するから、またやりたくなる。繰り返すうちにどんどんその行動が上達し、成長していきます。

報酬系は人間の発達や成長にも関与しているのです。

鳥にも報酬系は存在しています。

キンカチョウという鳥のオスは、メスに求愛するときに特定のさえずりである恋歌を歌います。メスが身近にいないときは、練習や周囲の鳥とのコミュニケーションのためにただのさえずりをします。国立理化学研究所のニール博士らはキンカチョウの報酬系を確かめる実験をしました。

実験の結果、オスのキンカチョウではメスに求愛する恋歌をさえずっているときに脳内で報酬系の神経回路が活発になっていました。特にドパミンの活動が高まっていることが示されました。

逆にメスがいないとき、オスが一羽でただ単にさえずりを歌っている時には、この活動の上昇は全く見られませんでした。

「メスを見かけたので、恋歌を上手に歌う」ということ、メスが来るかもというロマンティックな期待が報酬となってキンカチョウのオスはさえずっています。人間と同じですね。

「自分へのごほうび」というTVコマーシャルやポスターを見かけたことがあると思い

ます。難しい仕事が完成したら、あるいは一年間頑張って働いたら、自分にごほうびをあげましょう。アクセサリーを買ったり、バカンスに行きましょう、というものです。

例えば、難しいプロジェクトに取り組み、遅い時間まで働いて、ようやく完成した。ボーナスも出たので、前から欲しかった鞄を購入してすごく嬉しかった。次も頑張ろう。こう思った人がいるとします。

この時脳内ではドパミンが放出され、「難しいプロジェクトをやり遂げた」ということと「鞄を買っていい気持ちになった」ということがセットになって記憶されます。ちょうど、先ほどの「リンゴを食べた」+「おいしかった」ということがセットになったのと同じです。

そうすると、反対に「鞄が欲しいな」と思った時には、「また仕事を頑張って成功させれば、鞄が買えるよ」という報酬系が働き、頑張って仕事に励むようになるでしょう。これが、

自分へのごほうびシステム

です。仕事を完成させるのは社会人としてあたりまえ、働くのも自分のためなのだから、

安易に「ごほうびをあげる」というようなことを言うな！　と怒っている年配の方がおられましたが、その方にとって働くごほうびは「立派に働いているという自負」が得られることでしょう。「自分が頑張って働いているんだ」という自負そのものが報酬になっているのだと考えられます。

他にも、「『お父さんは頑張ってる』と子どもに尊敬されること」「社長賞をもらうこと」「彼女が喜ぶこと」など、一人ひとりごほうびとなる喜びは違っています。ちなみに私のごほうびとなっているのは、やはり患者さんが元気になった時の笑顔と、診療が終わって帰宅した後に飲む一杯のおいしいワインです。どの方にも報酬系があって、きっと知らず知らずにうまく回せているんだと思います。

「自分へのごほうび」というシステムは、報酬系が自然に回るのを待っているだけでなく、積極的に自分から報酬系を動かそうとする試みです。

ジョギングは辛いですが、毎朝途中で犬を連れた美人と出会えるとしたら？　英語の勉強を頑張ってＴＯＥＩＣでいい点を取ったら海外出張に行けるとしたら？

脳は、仕事や運動など自分にとって辛いことや本当はしたくないことを行う時に、先に「これをやり遂げたらごほうびが手に入るよ」という餌をぶら下げておき、嫌悪刺激を快的体験に変えようとしているのです。

嫌なことをやり遂げた時、すかさず自分にごほうびをあげましょう。

それは上司からほめられた言葉を覚えておくことかもしれませんし、久しぶりに見た子どもの笑顔かもしれませんし、おいしいレストランでのディナーかもしれません。ごほうびをもらったときの喜び、ドパミンが放出されることで、嫌だったことも脳内で「頑張れば、ごほうびがもらえる」という記憶として残ります。逆に、

自分にとって辛いことをしようとする時にはわざと報酬系を回すようにごほうびを用意しましょう。

残業をした時はちょっと高いコーヒーを飲んでもいい、気難しいクライアントと会った後は好物のハンバーガーを昼食に食べてもいい、こんな小さなことでも、自分を頑張らせる原動力になります。

自分で報酬を用意してドパミンを出す。それを苦手な行動と関連付けることで、脳は「この行動をやりとげたら、気持ちいいことが待っているんだ（ごほうびがもらえるんだ）」

と誤解します。そしてそれを報酬系として脳に記憶します。

そうすれば、次に苦手な行動をとらなければいけなくなったときも、脳内で報酬系が回りごほうびを期待してスムーズに取り組めるようになります。これを繰り返していくことで、どんどん報酬が強化されていき、最初苦手だと思っていた行動もそのうち嫌だと思わなくなっている自分に気づくはずです。

例えば、会議で話すのが苦手な人がいたとします。会議に出ると緊張する。手に汗をかく。ドキドキして思ったことも話せない。余計に会議が嫌いになってしまう。

このサイクルを、報酬系を使って変えてみるのです。

会議で発言したら、いつもはダイエットのために我慢しているビールを飲んでもいい。最初はそういう簡単なことでいいのです。

発言できたら、「発言した自分は前と違う、えらい」と、会議が終わった後に心の中で自分をほめます。

その次の会議では、始まる前に緊張してきたら「前回の会議では発言できた。だから、今回もできる」と考えます。

これを繰り返していくと、会議が嫌いではなくなってくるのです。これは、私がクリニックでお話しているテクニックです。ぜひ皆さんも、苦手なことに使ってみてください。

図4

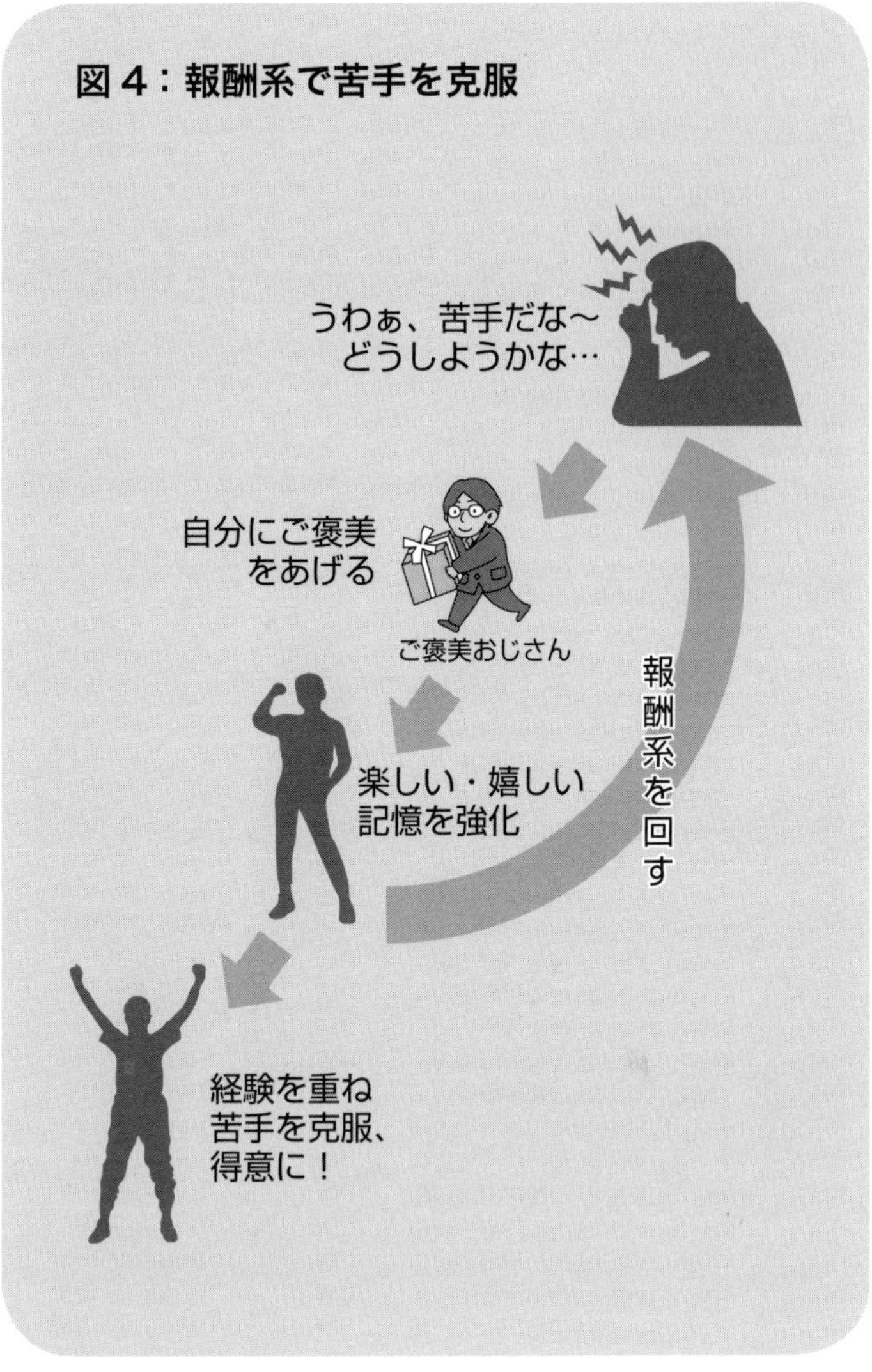
図４：報酬系で苦手を克服
うわぁ、苦手だな～
どうしようかな…
自分にご褒美
をあげる
ご褒美おじさん
楽しい・嬉しい
記憶を強化
経験を重ね
苦手を克服、
得意に！
報酬系を回す

行動習慣 2

「脳が成長する人」は
その場で記憶する

自分が取り組んだことが成功すると、人間は嬉しいと感じます。

皆さんも「成功して嬉しかった」という経験をたくさん持っていると思います。

子どもの頃から現在までを考えてみましょう。

幼稚園で、上手に絵が描けたねと先生にほめられて嬉しかった。小学校の時かけっこで一番になって得意になった。中学校のテストで百点を取り、急いで帰って親に見せた。高校のクラブで試合に勝った時の喜び。大学から合格通知が来た瞬間の気持ち。入社式でスーツを着て挨拶した時の期待と緊張、はじめて契約が取れて嬉しかったこと、開発に成功した瞬間の満足感……

私たちの生活は、一瞬一瞬の成功の喜びによって彩られているといっても過言ではありません。


成功した！　という体験があるからこそ、次もまた頑張ろうと思えます。


全く新しい出来事に遭遇した時も、以前にやり遂げた経験があるからこそ対処できるのです。

問題にぶつかったときに、前にもこういう例があったな、同じ類のことだな……と、以前に経験した事例を思い出してトライできます。

成功体験を積むことによって、次のステップにもチャレンジしてみようと思えるようになります。成功すればするほど、ますます次の困難なことに立ち向かう意欲と勇気が湧いてきます。そしてまた、不確実で不確定なことを乗り越え、新しい成功体験を積み、どんどん成長していきます。

さらに、人間の特徴は、成功体験を他人に伝えることができるというところです。これはコミュニケーションツールとして言語をもつ人間にしかできないことです。

自分がやってうまくいったことを伝えて、次の世代がより進歩することができる。上司が部下に、先輩が後輩に、親が子どもに、「こうするとうまくいくよ」「こういうふうに対処するんだよ」という経験から得たヒントを授けることで、自分の成功体験をずっと後まで残すことができます。同時に失敗体験を踏まえて、わざと次世代のする失敗を見守り、とんでもない事態に発展しないように気をつけてやる、このサポートで次世代がぐんと成長します。


記憶には三つのメカニズムがあります。

一つめは、嫌なことや辛いことを覚えておくためのメカニズム。

二つめは、何度も繰り返すほど、その記憶を強く長く覚えていくメカニズム。
三つめは、記憶を整理してすぐに呼び出せるようにするため「タグ」をつけるメカニズム。

それぞれ見ていきましょう。

嫌なことや辛いことを覚えておくためのメカニズム（原則1）

ここで、ちょっと小学校低学年の時のことを考えてみてください。子どもがいる人は、自分の子どもに聞いてみてもよいと思います。

あの頃は今と違って、毎日たっぷり遊んでいました。小学校から帰ってきても五時前で、習い事や塾に行ってもまだまだ時間はありました。友達と待ち合わせて外で遊んだり、家でゲームしたり、毎週楽しみにアニメを見たりしていたはずです。今から思えば夢のような日々です。

でも、当時の自分は「子どもはこんなに遊びまくる毎日で幸せだなあ」とは思っていなかったはずです。

「毎日宿題が多すぎて、遊ぶ暇もない」

「勉強ばっかりさせられて、うちの親は厳しすぎるよ」

こんなふうに思っていた経験はありませんか？　あるいは、自分の子どもがそんなふうに言ってはいませんか？

今、親として子育てをしている人は、自分の子どもが楽しい毎日を送れるように、常に気をつけていることでしょう。子どものためなら少々の無理をしてもいいと思ってさえいるのではないでしょうか。

同じようにきっと私たちの親世代も、その時代にできる精いっぱいのことをしてくれたはずです。旅行に連れて行ってくれたり、一緒にキャッチボールをしてくれたり、誕生日にケーキを買ってくれたり。なのに、さっきのような「子どもは損だ」「毎日が大変だ」と思った記憶が残ってしまっています。

どうして、楽しいことよりも、嫌なことの方が記憶に残ってしまうのでしょうか？

実は子どもにとっては、楽しいことよりも辛いことや嫌なことの方が強く心に残りやすいのです。それは、私たちの脳が逃れることのできない、記憶のメカニズムによるものなのです。

もう一度思い出してみましょう。

これまでの人生で、非常に辛かった経験はありますか？　嫌なこととして記憶に残っていることはありますか？

例えば、小学校の時におじいちゃんが亡くなってお葬式に出た。棺桶を覗いたら、いつもにこにこ笑っていたおじいちゃんが真っ白な顔になっていてすごく怖かった。その後焼き場で骨揚げをして、おじいちゃんがカサカサの骨になってしまって寂しかった。

こういう人もいるかもしれません。小さい時に凧あげをしていて、転んで膝を切って怪我をした。今まで見たこともないほど血が出て、びっくりして家に帰った。母親に見せたら「何やってるの！」と怒られた。

あるいは仲の良かった友達と些細なことから喧嘩をして口もきかなくなった。後で誤解だとわかったのにお互い気まずくて謝れないまま、学校を卒業して会わなくなってしまった。

意外に多くの記憶を呼び起こすことができるものです。

人間の脳には、嫌なことや辛かったことを記憶に残そうとするメカニズムが備わっています。

辛いことは、なるべく早く忘れてしまいたい。嫌なことは思い出したくもない。

なのに、楽しかったことよりも辛かったことの方を強く記憶として残してしまうメカニズムがあるのです。

なぜ人間には、こんなメカニズムが存在しているのでしょうか?

人間の脳は「危険だ、やばい!」と感じた瞬間に起きている出来事を、自動的にシャッターを押すように記憶します。

危険なことは記憶しておいて、次に起きた時にすばやく避けたり対処しなければなりません。そうしないと生き残れないからです。

やばいと感じた瞬間を忘れずに記憶に残しておく方が、その記憶によって辛いと思うことよりもメリットが大きいのです。生存に有利に働くシステムだからこそ、私たちは辛かったという記憶を手放すことができません。むしろその記憶を保存することが重要なのです。

熱いやかんに触ってしまった子どもの例について考えてみましょう。
想像してみてください。
子どもが、訳も分からずに熱されたやかんを触ってしまう。
「あちっ！」とすぐ手を離すが、指先はもう火傷している。
火がついたように泣き出す子ども。

熱いやかんに間違って触ってしまった時、最初は「熱い」という感覚よりも「痛い」という感覚から始まります。氷に触った時も同じで、「冷たい」という感覚より「痛い」と感じられると思います。これは、痛み刺激を感じる皮膚のセンサーの方が、温度刺激を感じるセンサーよりも早く神経回路を通って脳に伝わるからです。

熱いやかんに触る　↓　痛みを感じる　↓　手を離す　↓　指先の火傷　↓　泣き出す

という順番です。
もし、やかんに触った時に遅い温度刺激のセンサーしか働かなければ、

熱いやかんを触る　↓　熱いと温度を感じる　↓　手を離すまでかなりの時間がかかる
↓　かなりの火傷　↓　泣き出す

と、大きな火傷になるまで気づかず、ひどい怪我を負ってしまいます。

だからこそ、温度センサーよりも早く痛みセンサーが働き神経回路を通じて脳に信号を送り、手を離すシステムが備わっています。

私たちの脳と体には、非常に優れたメカニズムが存在しているのです。

しかしこれだけでは、次に同じことが起こった時に、重大な問題を抱えてしまいます。

もし、この「やかんに触ったら、火傷をした」ということを、ちゃんと記憶していなかったらどうなるでしょうか？

「やかんに触る」という原因と、その原因によって引き起こされた「火傷をした」という結果についてきちんと記憶していないと、またやかんに触って火傷をしてしまいます。

そうならないように、私たちの脳には、「やばい！」と思ったことを記憶に残しておくシステムが備わっているのです。

生存確率を上げるために、私たちは経験する生命の危機をきちんと記憶しておくようになっています。生命を維持するために、いうなれば生存本能の一部として私たちの身体に埋め込まれているメカニズムなのです。

だから、嫌なことや辛いことの記憶の方が、長期にわたってしっかり残ってしまうということになります。

もうひとつ、私が講演の中でよく話す例をあげましょう。

これは私自身が経験したことで、強く記憶に残っています。

ぜひ、一緒に想像してみてください。

ある日、依頼された講演に向かうためにタクシーに乗っていました。

電車が事故で遅れてしまい、さらにタクシーも時ならぬ渋滞に巻き込まれてなかなか思うように進みません。

タクシーの運転手さんに「急いでいるんです!」とお願いして、裏道を回ってもらいました。一秒でもスムーズに降車できるように、じっとメーターとにらめっこしながら釣銭のいらないように財布を握り締め小銭を数えていました。

タクシーがとまる直前に料金メーターがはね上がり、あわてて財布から小銭を追加してさっと払いました。運転手さんも急いで後部座席のドアを開けてくれました。

タクシーから降りるべく、私がまさにステップに足をかけようとした瞬間です。

ドン！

大きな音がして、最初何が起きたか分かりませんでした。

ぐしゃぐしゃに壊れたドアを見て、やっと、路肩を走ってきたバイクがタクシーのドアに突き当ったということが分かりました。

あと一秒降りるのが早ければ、バイクにぶつかって大けがをしていたところでした。

私は切羽詰まった状況の中で急いでいました。電車が事故で遅れ、タクシーが渋滞に巻き込まれ、講演開始時間に間に合わないと非常に焦っていました。

タクシーの運転手さんもあわてていました。焦っている私を見て、その焦りが伝わっていたからです。それで急いでドアを開けてくれたのですが、まさにバイクが突っ込んできたのはその一瞬の出来事でした。

人間が起こすミスをヒューマンエラーといいますが、ヒューマンエラーはこのように二重三重に予想外のアクシデントが重なり、心理的に動揺している時に起こりやすいものです。今考えても危なかったなと思う瞬間です……。

この事故の経験を、身振り手振りを交えた迫真の演技で（?）話しますと、講演を聞いている方は「先生、危なかったですね」と言ってくれます。「そういうことって、ありますよね」と共感してくださる方もあります。

そして、後でこんなふうに思っていただくかもしれません。

「車から降りるときに、先生は事故に遭ったって話していたなー。開けたドアにバイクが突っ込んできたって言ってたな。自分も降りるときには注意しよう。降りる時には必ず後ろを確認してから降りよう」と。

こう思った人は、他人の事故でも自分のことのように感じることができる人です。自分に起きたことだけでなく、他人に起きた生命の危機についても「やばい」と感じて、記憶に残しておくことができるのです。

生命の危機について耳にしたら、不安を感じて、その記憶を残しておくというシステムを人間は持っています。このシステムの感度が高い人の方が生存確率は高まります。ですから、自分が危険な目にあった時だけでなく、他人が危険な目に陥ったときのことも、積極的に覚えておいた方が身のためと言えるでしょう。

この「身のため」という言葉そのものに、「自分の命を守る」＝生存確率を上昇させるという意味が込められています。

記憶の仕組み

記憶には、やばいと感じた瞬間のことを、感情と共に保存しておくメカニズムが備わっています。

これは生命維持の根本であり、人間を長期にわたって生存させてきた素晴らしいシステムと言えるでしょう。

しかし、この素晴らしいメカニズムが、反対に悪さをすることもあります。

子どもの記憶が、嬉しい、悲しい、辛いということばかり関連して残ってしまうという残念な結果になってしまうものです。

「友達と喧嘩して自分は不幸だ」「勉強ばかりさせられて辛い」と嫌なことを記憶に残してしまい、後から思い出しても記憶として強調されてしまうのは、「感情と同時に保存する」という、記憶のメカニズムのなせる業です。

さらにもう一歩進めてみましょう。この記憶形成メカニズムの中には、嬉しい・楽しい・悲しい・寂しい・辛いという感情と共に記憶が形成されるメカニズムがあります。中でも感情が非常に高ぶるような、激しく怒ったりとても嬉しいことがあると、記憶が強く脳に焼き付けられます。感情と記憶は相関しているといえるでしょう。

私たちが子どもの頃を思い出す時、怒られて悲しかった、ほめられて嬉しかったというようなことを強く覚えており、「消しゴムを使ったら減った」というような平凡な出来事は記憶として残りません。普通のこと、何も感情が湧かないことはあまり記憶に残らないのですね。

何度も繰り返すほど、その記憶を強く長く覚えていくメカニズム（原則2）

今度は、九九を思い出してみてください。

にいちがに、ににんがし、にさんがろく……

先ほどの例でいえば、あなたの記憶の中で、九九を暗唱したことは、嬉しいこととして残っていますか？　嫌なこととして残っていますか？

なかなか覚えられなくて、言えるまで教室に居残りさせられた。

何度も何度も親の前で繰り返し言わされた。

授業中に一つずつ当てられて、うっかり間違ってしまって辛い思いをした。

六の段が言えるまでお風呂から上げてもらえなくてゆでダコになってしまった。

九九が好きで仕方がなかった、楽しかったという方は少なくて、辛い記憶がある方が多いんじゃないかと思います。

私も九九を習った時のことを覚えていますが、何度も何度も練習しました。

数字が小さい段から覚えていきました。にいちがに、ににんがし、にさんがろく……

逆からも言わされました。にくじゅうはち、にはちじゅうろく、にしちじゅうし……

段をまたいで横にいく覚え方もありました。いんにがに、ににんがし、さんにがろく……

こうやって苦労を重ねた結果、九九が記憶に刷り込まれて、もちろん今では「さんし」

というとすぐに「じゅうに」と出てきます。これは、

繰り返して行ったことは記憶に残りやすいというメカニズム

です。

記憶は、情報として脳の海馬という部分の神経細胞に蓄えられています。よく使う記憶はすぐに思い出せますし、あまり使わない記憶はなかなか呼び起こせません。私たちはこのメカニズムをよく知っていて生活に利用しています。

単語カードを何度も何度も繰り返しめくって記憶しようとする。

校則を破った生徒に、生徒手帳から校則の書き写しを五〇回させる。

タッチタイピングができるようになるまで練習し、指のポジションを覚える。

なぜ、繰り返し行うと強く記憶に残るようになるのでしょうか？　それは、私たちの脳細胞には刺激を与え続けるとその刺激に対する反応速度が速くなり、刺激への反応結果も増強するというメカニズムが存在しているからです。では、そのメカニズムを見ていきましょう。

今、本を読んで、あなたの目から情報が入っています。

でも、周りの音も聞こえていませんか？　あなたの脳では、目で見た情報を処理する部分である視覚野と、耳で聞こえた音を処理する部分である聴覚野という部分が同時に動いているからです。

それだけではありません。本を読みながら「この本に書いてある内容を、どのように自分の生活で活かせるかな」と考えたり、全然別のこととして「晩ごはんは何を食べようかなあ」と思ったりします。

私たちの脳では、意識的かつ無意識的に、視覚・聴覚・嗅覚・触覚・冷温覚などの感覚や、思考、情動、記憶など同時にいくつものことを超複線で処理しているのです。

今のところどんなコンピュータもかなわないくらい複雑な処理を超高速でこなす私たちの脳ですが、一つひとつの細胞は実に単純です。

細胞の入口から刺激が入ってきて、出口にその刺激を伝える。
行われている処理はこれだけです。オンとオフだけ。

脳の中には、何千種類、何万種類もの細胞が詰まっていて、複雑な処理をそれぞれ担当していると想像している方がいますが、細胞は大きく分けて数種類しかありません。単純な仕組みの細胞が無数につながって、そのつながりが複雑に動いています。

脳の神経回路は、東京の地下鉄のようなものです。

私たちが地下鉄に乗るということ、それが、情報が脳に入ってきたということです。ある入口から入って、別の出口から出ます。最終的にはそれぞれ一つずつですが、中で路線を乗り換えたりして、複雑なルートをたどっています。地下鉄の路線がさまざまに絡み合い、交差し、無数の経路を作り出し、東京という街を形成しています。地下鉄では、人間一人ひとりが入口の駅から出口の駅に向かっていて、単純な動きに見えますが、全体で見るとものすごく複雑なメカニズムで動いています。集団のダイナミズムが働いているのです。

脳の中でも、同じようにいろいろな情報が出たり入ったり錯綜しながら処理されています。

さて、この地下鉄の中で、入口から一気に大勢の人がなだれ込んできた状況を考えてみましょう。

当然、駅は大混乱です。ホームに人があふれかえったり、電車がすし詰めになったり、次の乗換の駅で降りる人が押しあったりということになってしまいます。それでは困りますから、地下鉄側でも人の流れを整理したり、乗換のところがスムーズになるように改札の機械を増やす工事をしたりして、人が速やかに流れていくようなシステムを作り出します。

実は、脳の中でも同じことが起きているのです。


同じ情報刺激が脳に連続して入ってくると、脳は「この情報経路はよく使うんだな」と判断します。そして、神経細胞どうしをつなぐ信号をすばやく伝えることができるようにする、情報の伝達が持続的に向上する現象が生じます。この現象は長期増強（LTP：Long-term potentiation）と呼ばれています。


同じことを何度も繰り返すと、どんどんアウトプットが速くなるということです。

これは人間の脳における記憶のメカニズムを考える上で非常に重要な現象のひとつです。

脳はコンピュータに例えられることがありますが、機械では今のところこのような現象はありません。

Aのキーはよく使うから、打ち込むと〇・〇五秒で反応する。Qのキーはほとんど使わないから、打ち込んでも反応するまで五秒かかる。こんなことがあったら大変です。キーを押してから画面に表示されるまでの時間は、何回やっても、どのキーを押しても一定です。

あるいは、ピアノでドの鍵盤を叩くとドの音が出ます。ドの音を続けて一〇〇回鳴らしたからといって、そっとドの鍵盤に触れたときに初めから大きな音が出たりはしませんし、レの鍵盤を鳴らしたときにドの音が出るということはありません。同じ刺激に対しては同じ答え・同じ反応が返ってきます。

しかし人間の脳細胞は、必要とする頻度に応じて刺激への反応を変えて、速やかに対応できるようになっているのです。

もう一度地下鉄に戻りましょう。

近くのホールでコンサートがあって、一時的に人がどっとやってきた。

これなら、交通整理のアルバイトをその日だけお願いすることで対応できそうです。

では、駅の近くに大型ショッピングセンターができた場合はどうでしょうか。

長期間にわたって人の出入りが増加しますから、新しく改札を作るなど駅の構造そのものを変化させて、人の流れをスムーズにするように調節しないといけなさそうです。
記憶のメカニズムも同じで、短時間だけ記憶しておきすぐに忘れてしまってもいい記憶と、記憶するのに時間はかかってもその後長期にわたって保持している記憶とは違います。出張で泊まったホテルの部屋番号は翌日には忘れてしまいますが、自分のマンションの部屋番号を忘れてしまう人はいません。

何度も同じ刺激を神経細胞に繰り返し与えると、神経細胞そのものが変化します。

軸策という新しいルートを伸ばしたり、隣の細胞と接続するための樹状突起という接合部を増やしたり、さらには新しい神経細胞ができたりと、大きく細胞の構造そのものが変化するダイナミックな構造的な変化が起こるのです。
脳は非常に柔軟な臓器で、刺激によって変化していきます。私たちは、脳というとなかなか変化しないものであると思いがちですが、私たちが気づかない間に脳はどんどん変化しているのです。

もう一度、先ほどの「子どもがやかんを触って火傷をした」という話を思い出してください。

子どもが熱いやかんを触る。痛覚刺激が働いて手をすぐに引っ込め、最小限の火傷で済む。これは生命維持のためのメカニズムです。

さらに「やかんを触ったら火傷をして痛くてひどい目にあった」ということが記憶として残る、という話でした。

この後、この子どもは親からどのように教えられたでしょうか？

きっと年齢が低い時には、やかんを指さして「あっちっちだから駄目よ!!」と繰り返し言われたでしょう。

もう少し大きくなってからは「○○ちゃんは昔やかんに触って怪我をしたのよ、覚えてる？　熱かったでしょ」と何度も言われ続けたはずです。

「手を洗いなさい」「お風呂は肩までつかりなさい」「歯を磨いてから寝なさい」「忘れ物をしていないか確認してから家を出なさい」など、あなたも親から生活上の注意を細々と言われて、「はいはい分かりましたよ。何度も言わなくていいよ」と子ども心に反発したことがありませんか？

どうして、親は子どもに同じことを繰り返し注意するのでしょうか？

これも、ＬＴＰ現象を利用しているのです。

何度も何度も繰り返し同じことを伝える、子どもがうっとうしがるくらい注意し続けるからこそ、大切なことがＬＴＰにより子どもの記憶にしみ込むのです。だから、私たちは大人になった今でも手を洗ってバイ菌（感染症）にやられにくくなったり、歯磨きをして虫歯になりにくくすることが自然な習慣としてできるのです。

親にガミガミ言われることがそんなに大切なことだったなんて！　今は自分も親という立場になったので、昔うっとうしがっていた親からの小言のありがたみがしみじみと分かりました。親はいつも無償の愛を子どもに注いでおり、親の愛は深く大きいものです。

私がガミガミ小言をいうと、私の子どもは「またか」という顔をしていますが、きっと彼もそのうち分かる日がくるでしょう。

記憶を整理してすぐに呼び出せるようにするため「タグ」をつけるメカニズム（原則3）

三つめの記憶メカニズムは、タグをつけることです。服についている値札をイメージして下さい。そのタグを記憶にもつけておくのです。

タグと記憶？　どのように関係するのでしょうか。

記憶とは不思議なもので、自分でも理由が分からないのにくっきりと記憶に残っていることや、覚えないといけないのにどうしても忘れてしまうことがあり、なかなか自分の思うようにいきません。

思い出してみましょう。

昨日の夕食はどんな内容でしたか？

一昨日の夕食はどうですか？

一週間前の夕食は何だったか、覚えていますか？

こう尋ねていくと、昨日の夕食はだいたいの方がぱっと思いだせると思います。一昨日の晩ごはんになるとちょっと厳しい。一週間前となると、ほとんどの方が忘れておられるかもしれません。

「一週間前の夕食を覚えていたよ！」という方、この方たちの思い出し方にはある共通点があります。

「その日は家族で外食に行ったんだ。近くのよく行く回転寿司で、皆で思いっきり寿司を食べた」

「接待で取引先と会食をしました。料亭で懐石を食べましたが、商談が難航して味どころではありませんでした」

「納期がずれ込んで、終電ぎりぎりまで会社で仕事をしていた。机の中にしまってあったシリアルバーをかじっただけ」

どこで、何をして、誰と食事をした、というように思い出していますね。これは、記憶にくっついているタグを上手に活用しているのです。

夕食という記憶にも、さまざまなタグが付いています。

夕食についてだけ思いだそうとすると思いだしにくいものが、前後のつながりを思い出すと、芋づる式に記憶がするすると出てきます。

さて、一昨日の夕食を思い出す方法です。

今日は火曜日だとしましょう。昨日は月曜日、一昨日は日曜日です。日曜日にはどこで、誰と過ごしていましたか？

「日曜は休みで、昼から家族と買物に出かけて、スーパーで一〇〇円の白菜と一五〇円のネギを見つけて、子どものためにしゃぶしゃぶ用豚ロースも買って、豚肉と白菜の鍋を食べた。季節の白菜が甘くておいしかったが、子どもは肉ばかり食べていた」

このように思い出していくと、最初は全然思い出せなかったはずのことが、どんどん頭から出てくることに気づくことでしょう。

いつ・誰と・どこで・何をして・どう感じた、というタグを使えば、必要な記憶を思い出しやすくなります。図書館の本がジャンル別に整理して所蔵されているようなものです。

また、最初の親の例の火傷の話に戻りましょう。親の愛はここでも深いのです。

親としては、何とかして「熱いやかんは危ない」ということを子どもの記憶に残そうとします。

記憶に残さないとその子がまた同じことを繰り返して火傷をして、生存が危うくなってしまうからです。

そこで、親は記憶のタグを活用します。

子どもに「やかんを触ったら熱くて火傷をした」という経験を覚えこませるために、記憶のタグをたくさんつけるのです。

火傷をしたという出来事の後、親は何かにつけ雑談の中にその話題を滑り込ませます。

「あんたはあの時、お昼寝から覚めた後やったわ。昼寝したらいつも機嫌が悪くて、ちょっとぼーっとしてるねんな。それでお昼過ぎにちょっとお母さんが目を離してたら湯気が出てる熱いやかんにうっかり触ってしもて、うわー言うて火ついたように泣いて。お母さんももう必死で、すぐに抱きかかえて水道のところまで連れて行って、その時の水道の蛇口がまた開きにくくて……」

話している母親は一生懸命ですが、聞いている方は、もう「はいはい」という感じで嫌になっています。

でもこれはもう皆様お分かりだと思いますが、親がタグをつける作業をしているんですね。

「機嫌が悪かった」「ぼーっとしていた」「湯気の出ているやかんを触ったら熱い」「火が

ついたように泣いた」

親は記憶にいろんなタグをつけています。このタグをたどって子どもがいつも思い出せるように、親はわざわざタグをつける作業をしているのですね。今お話したように、

記憶には三つのメカニズムがあります。

①感情とともに記憶する

②ＬＴＰで記憶する

③タグをつけて記憶する

ではビジネスパーソンとしてこの記憶メカニズムをどう使うか？

どういうふうにすると活かせるか？

せっかくうまくいったことも覚えていないと同じこと。覚えておくことが大切になります。

われわれは忘れてはならないことをたくさん抱えています。その忘れてはならないことをどのように記憶しておくか？

前提となるのは、「本当にそれは忘れてはならないことなのかどうなのか」と判断する

ことです。

記憶には、先ほど説明したように、短時間だけの記憶と、長期間覚えておく記憶があります。この二つは時間の長さが違います。

どちらの記憶として保存しておく必要があるのか？

あるいは、自分の脳内に記憶しておく必要はなくて、むしろメモしたということだけ覚えておいて、メモを後で見れば済む話なのか？

まず情報を入手した時に自分でそれを分類・分別することが大切です。そのうえで忘れてはならないことにはこれらのメカニズムを上手に活かし、記憶する工夫が必要です。

感情とともに記憶する（実例1）

まず、一つめのメカニズムである「感情とともに記憶する」というのを、仕事に上手に活かす方法です。

危ない、辛い、悲しいという気持ち。あるいは、嬉しい、楽しいという気持ちが生じると、その感情が起きている時のことを同時に覚えこみやすいというメカニズムですから、逆に覚えておきたいことに対して感情をともに記憶すると、記憶が保持されやすくなります。

覚えたいもの、覚えたいことがある時に感情をわざと呼び起こすことが大切です。

例えば、営業で話の組み立てや持っていき方がうまくいって、顧客への対応がうまくいったとします。

「あーよかった、うまくいったな」と思うだけでは、喜んだだけで記憶に残らず、次につながりません。

でも「あーよかった、うまくいったなー。今日は話の組み立てがばっちり決まった。やっぱり話の途中で相手の気持ちをつかめたのが良かったな」と、喜ぶのと同時に、いい営業ができて成功した原因を分析して考えておきましょう。そうすると、この分析した流れを覚えておくことができて、次回にも活かせるようになります。

成功体験があった時には自然と嬉しくなって、記憶にとどまりやすくなっているものです。この時にすかさず分析を行うと、その流れに対しても記憶のメカニズムが自然に働いて記憶しておけるようになります。

さらに、成功した時にはにやっとするだけでは足りません。「やったあ！　契約を取ったぞ！」と大声で叫んで、喜びを体全体で表現してみましょう。

あえてオーバーアクションで感情を呼び起こし、「俺はやっぱりすごいかも！」と声に出して、自分で自分をほめてみましょう。

一通りはしゃいだら、疲れて「あー何バカなことやってんだ、俺は」という感情が出てくるかもしれません。それも感情を湧きあがらせることなのでOKです。営業で成功して、はしゃいで丸の内のビル街で叫んだということも、その後長く記憶のタグにつながるかもしれません。ただし変な人と見られては大変なので周囲に人がいないかどうかだけは確認しましょう。

成功体験はその場で記憶するということ、これが第一のコツです。

ＬＴＰで記憶する（実例２）

次に、二つめの記憶のメカニズムであるＬＴＰも仕事に活用しましょう。

前項で、成功体験を感情と共に記憶しました。

それだけではなく、九九と同じように、何度も反芻することが大切です。

牛が何度も食べて消化を良くするのと同じことです。

成功したことは何度もかみしめればよいのです。何度も繰り返して喜びましょう。感情が出れば出るほど覚えているのですから。

書きとめることも非常に大切です。

私自身も、ＬＴＰを活かすために自分の成功体験を記録しています。ノートに書き込んで持ち歩き、空いた時間に何度も読み返して反芻し、経験を深めています。もしかすると、その経験を次に活かせるのはかなり先になるかもしれません。でも、ノートを見返して疑似体験をすればLTPを生じさせることができます。

さらに、自分の成功体験を、繰り返し人に話してみるのもよいことです。他の人の視点から意外なことを指摘されたり、本質をつかれたりして、視野が広がり、より深く理解できるようになります。もちろん、ただの自慢にならないように注意は必要です。

「俺、あの時ゴルフでイーグルだったんだよね。もうちょっとでホールインワンだったんだけど、カップに嫌われちゃってさあ」

「あー、また課長のイーグル話だよ、同じ自慢話しかしないんだから」

と、こういうふうにならないように気を付けてください。

でも人に話すことは大切です。いろんな人に話せばよいのです。

人は自分の鏡です。LTPを生じることにもつながりますし、その人と自分の体験を共有し、お互いが伸びることにもつながるのですから。

タグをつけて記憶する（実例3）

最後に、三つめの記憶のメカニズムである、記憶へのタグを活用する方法です。

これはシンプルで、

とにかくタグをたくさんつけて回ることが重要です。

洋服屋さんでも、値札がついていない服は買いませんよね。

さらに高級な服ほど、値札のタグだけではなく、ウール一〇〇%というような生地のタグ、ドライクリーニングしてくださいという洗濯方法のタグ、ブランドロゴのタグなど、たくさんのタグがついています。

記憶も同じです。

大切なこと、記憶しておくべきことほど、手掛かりとしてたくさんのタグをつけていきます。

覚えておくべきことがあった時には、その周囲の状況とともに覚えることが大切です。発想法の工夫を思いついた時にはその思いついた場所、そのことを思いついた状況、その発想法が出てきた理由などいろんなことに関連付けて覚えることがタグをつけることにつながります。

学生時代には「鎌倉幕府の成立は一一九二年、いいくにつくろう鎌倉幕府」というように、語呂合わせをして覚えることも多かったと思います。あれもタグの工夫の一つですよね。未だに私も、この語呂合わせというタグをよく使います。タグをつけて記憶したことは忘れにくいのです。

ビジネスシーンではどのようにタグをつけたらいいのでしょうか。

例えば、がんばって新しい営業先を開拓したとします。提案や要望の内容をしっかり記憶しておくのはもちろんですが、担当者の印象や口癖はどうだったか、事務所の雰囲気はどうかというようなことも一緒に覚えるようにしましょう。さらに余裕があれば、その日の天気やニュースなどもタグ付けすることができます。

こうして記憶にたくさんのタグをつけることで、「A社の注文を受けた」という記憶を色々なタグから呼び出すことができるようになります。

逆に「初めて御社に訪問させていただいた日は雪でしたね。あれからもう一年も経ったんですね」というように、タグから記憶を呼び出して会話のアクセントに用いることも可能です。


さらに仕事で覚えておきたいこと、それはあなたが経験して得た成功です。

どんな時に、どんな風にしてうまくいったのか。成功体験にもタグをつけておきましょう。

成功して嬉しいと思った後、報酬系を回すことも考慮に入れて自分へのご褒美をあげてください。好きな本を買う、好きなCDを買う。旅行に行く、釣りに行く。仕事を頑張った！　という記憶とともに、いろいろなタグをつける作業をするのです。喜びが倍増すると、もっと記憶のメカニズムが働くことになります。

記憶のメカニズムを知り、人生に活かすこと。

脳は上手に使うことで、私たち自身を成功に導きます。
それをどんどん繰り返していくことが、脳の成長だといえるでしょう。

行動習慣 3

「脳が成長する人」は警戒心を捨てている

前章では、「危ない！」と感じた時にその状況を記憶する人間の脳のメカニズムを見てきました。

人間の生存本能として、危険な状態に陥ったときのことを記憶しておくようになっています。


このシステムは、同時に身体の違う部分にも働いています。

「やばい！」と思った瞬間、あなたの体はどのように反応しますか？

ドキドキして、動悸が速くなる。冷汗をかく。手のひらが熱くなる、というような状態になるのではないでしょうか。


例えば、仕事が終わって、帰宅した時のことを想像してください。

妻と子どもは、今日は実家に泊まりに行っています。家には自分だけです。

「ただいまー」

ドアを開けてつい習慣で言ってみますが、家の中は暗く、返事はありません。

玄関の照明をつけようとした瞬間、家の奥でガサガサっと音がしました！

「やばい！」

誰かいる、何か起こっているんじゃないか？

今日は確かに自分以外の家族はいないはず。

もしかして、誰かが熱でも出して帰ってきたのか？　それにしては家の中が真っ暗だった。おかしい。

泥棒がいるんじゃないか？　鉢合わせになったらどうしよう。何か武器を持たないと。

「ただいまー」とかのんきなことを言ってる場合じゃなかったな、何とかしなくちゃ。

というふうに、数秒以内でいろいろなことをいっぺんに考えることでしょう。


危険なことがあると、いつもは行動がゆっくりしている人、おっとりしている人でもぱっと動きます。

避難訓練でだらだらおしゃべりをしていた子どもたちでも、先生に大声で注意されてドキッとすると、しゃきしゃき整列して動くようになります。


人間は、大事な瞬間にぱっと俊敏に反応して動けるように、緊急に対応力を上げるシステムを持っています。反応力を上げることによって危機を回避しようというシステムです。

では、この緊急対応メカニズムが、私たちの身体の中でどのように動いているのか見てみましょう。

危険なことが起こった瞬間、私たちは、まず脳の中でそれを「危ないことが起こっている」「やばい」と即座に判断します。

脳の中でも前方の部分、前頭葉がその機能を担っています。脳に入ってくる情報を収集し、周囲の状況を分析し、取るべき行動について判断を下します。

この前頭葉はヒトで特に発達しており、人の人たる由縁である思考、状況判断、判断に基づいた行動、創造性や意志の源となる部分です。

帰宅した時、ガサッと音がした。それだけではただの音ですが、「今日は自分一人のはずなのに」という疑念が加わって、「おかしい、何か起きている、危険だ」という判断が前頭葉で行われます。

その「危険信号」が神経回路を走って、大脳辺縁系（limbic system）に伝えられます。大脳辺縁系は、原始的な動物でも発達している部分であり、前頭葉に比べて古い脳、生物の基本的欲求に関連している部分と言えます。

この大脳辺縁系の中に扁桃体と呼ばれる部分が存在します。扁桃体は、脳内で左右に二つあり、親指の爪の先ほどの小さなアーモンドのような形をしています。

扁桃体は、人の心を強く揺さぶる情動、不安や恐怖のような感情を司っています。強い情動的刺激を受けると、扁桃体を通じて感情と身体的な反応が呼び起こされます。危ない！　という判断が扁桃体に伝わると、身体にその情報を伝えるべくノルアドレナリンという物質が放出されます。図5

ノルアドレナリンを通じて速やかに全身に信号が行き渡り、ドキドキしたり、瞳孔が開いたり、血圧が上がります。驚いたり緊張した時に動悸、発汗、血圧上昇が上がるのはノルアドレナリンの作用によるメカニズムがあるのです。

このノルアドレナリンによって身体に起こる反応は、「Fight or Flight」、闘争か逃走か？　と呼ばれています。

危険を察知した時、戦うにしろ逃げるにしろ、すぐに身体が反応できるように脳で判断して、全身の臓器に指令を飛ばすシステムです。

例えば、道を歩いていて段差に気づかず一歩踏み外してしまった。

一瞬にして動悸が高まり、全身がびくっとします。転ばないようにバランスを取って体

図５：脳が不安を感じると警報システムが発動し刺激に対して敏感になる

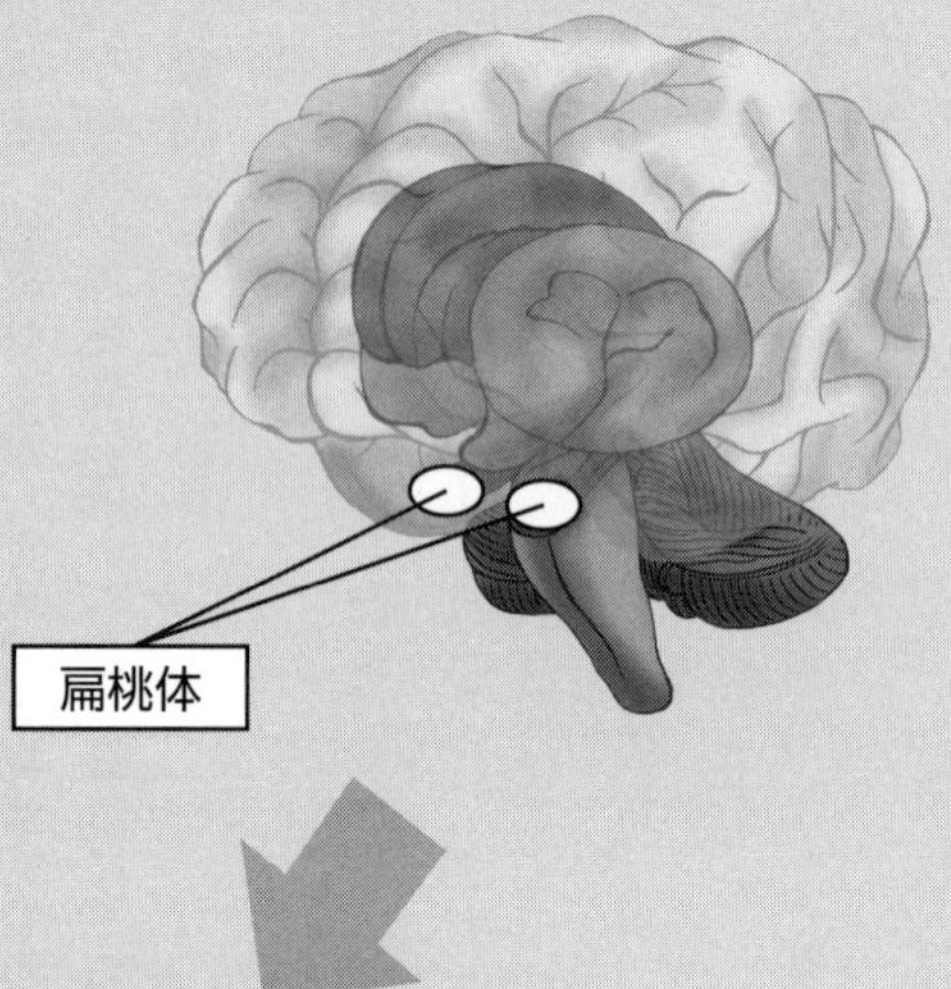

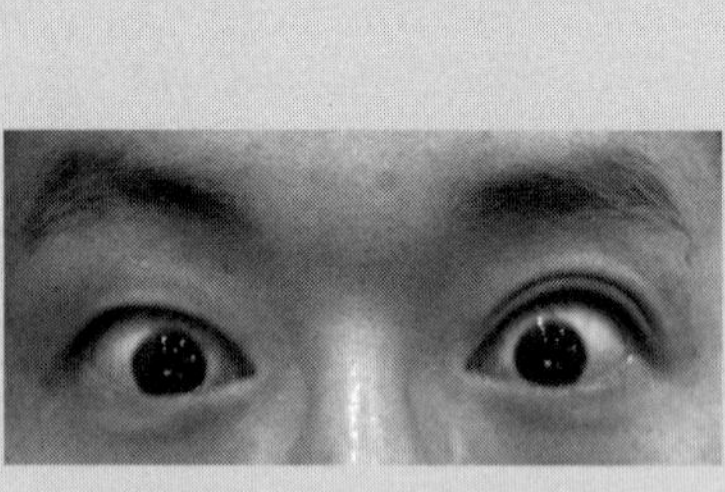

を支えようとします。その瞬間に、ノルアドレナリンが放出されて、全身で緊急時の対応システムが働いているのです。

危ないと感じてから、身体が全身で反応するまでは非常に短時間ですが、その間に対応するためのメカニズムが私たちの脳と体には備わっています。

闘争と逃走、どちらにせよ、危険に対してすぐに反応するための素晴らしいメカニズムです。


先ほどの、「誰もいないはずの家の中で音がして驚いた」という話に戻りましょう。

闘争と逃走、どちらもできるように一瞬で準備を整えて、勇気を出して傘を構えました。

泥棒がいたら「こらー！」と叫ぶつもりです。

ガサガサガサ……

家の奥から音はしていますが、単調で人の立てる音ではなさそうです。

玄関の照明をぱっとつけました。

……誰もいません。

そっと廊下を進み、リビングのドアをぱっと開け、照明をつけました。

なんと、ガサガサ音を立てていたのは、キッチンの換気扇が回る音だったのです。いつもは家族の声やＴＶの音がしていたから気づかなかったのですね。

ほっと一安心しました。

その後はどうなったでしょうか？

すぐに安心して、だらーっとなって、服を脱ぎ散らす……ということにはならないと思います。

まだ少しドキドキが続いていて、ちょっと緊張していて、家の中を見回ったりして、しばらくは音がするとびくっと敏感に反応したりすることでしょう。

先ほどの、道を歩いていて段差につまずいた時も、その後しばらくはドキドキしていて、段差がないか下を向いて歩いたことと思います。

もしくは家にいるとき、大きめの地震があったとします。その後数時間は子どもがタンスの近くにいないように気をつけたり、ＴＶをつけっぱなしにして速報が入らないか注意することでしょう。


これらの例では、ひやっとしてノルアドレナリンが放出され、すばやく反応するための態勢が整えられています。

その後もノルアドレナリンはしばらく出続けます。

自分に危険なことが起こっていないか？　周囲に気をつけておくべきところはないか？　まだ危ないことが起こるんじゃないか？

そのような緊張状態が続いているのです。

子どもの時、友達に突然「わっ！」と後ろから肩を叩かれて驚いたという経験があると思います。

その後しばらくはまた驚かされるんじゃないかと思って、敏感になり、少しの物音でもびくっとして振り返ってしまったりしませんでしたか？

何かに対して恐怖を感じ、扁桃体が興奮した後は、周囲の変化や環境に対する感受性が上がっていて、敏感に反応しやすくなっています。

自分自身の警戒センサーが働いている状態です。脳から全身に、警戒警報が発令されているのです。

また自分の身に危ないことが起こるんじゃないか？　周囲に危険はないか？　と、サーチライトであちこちを照らして、いつもなら見逃してしまうような小さなシグナルでも拾いあげて、すぐに危険に対応できるように身構えています。図6

図6：脳内の不安警報システム

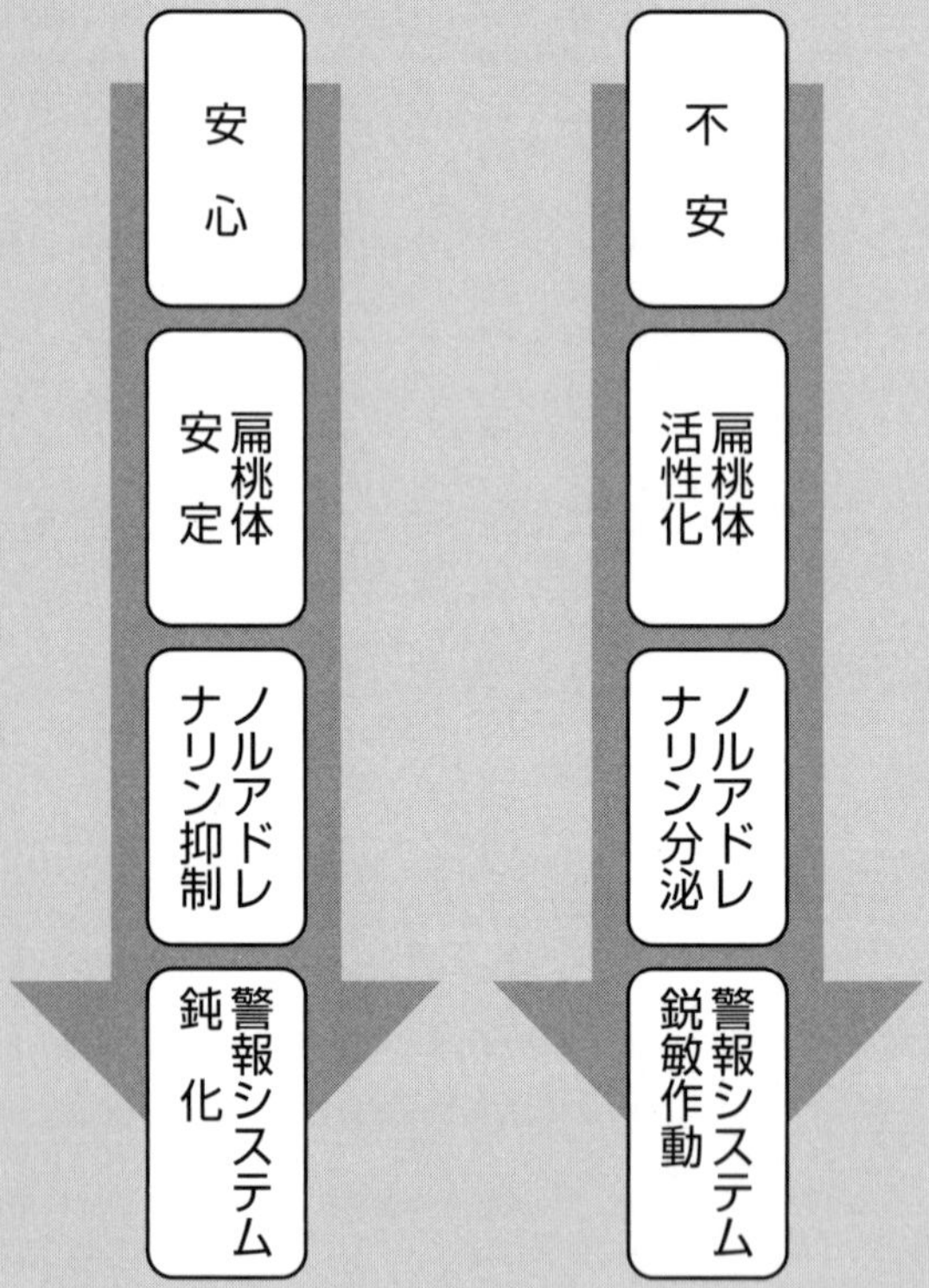

アクション映画を例に取ってみましょう。

主人公が敵の攻撃から危機一髪で逃げ切るシーンです。

この時の主人公は、まさに危機的な状況です。一人の敵をかわしても、どこから次の敵が現れるか分かりません。暗い建物の中を進んでいきます。

ヒュッ！　と前方から弾丸が飛んできました。ぎりぎりのところで主人公が身をかわします。とその時、別の方から棒で殴りかかってくる敵が！

「危ない、後ろ！」と思わず叫びたくなるようなシーンです。スクリーンのこちら側で見ている私たちまでドキドキしてしまいます。これは、私たちが主人公に感情移入して見ていますから、自分の警報サーチライトがぐるぐる点滅して、ノルアドレナリンが放出されて、脳と体がいつでも反応できるような態勢を作ってしまっているのです。

さて映画の中で、主人公は超人的能力で無事に敵の集団から脱出できました。見ている私たちはまだドキドキしています。

そんな時、映画ではよく美女が現れてラブシーンが始まります。静かな並木道を歩きながらの熱い告白に、見ている私たちがほろりと感動したり。

これは、まだ先ほどの興奮状態が残っている状態のまま全く違うシーンに入ることで、脳がギャップを感じて感動しやすくなるということを利用しているのです。危険に備える興奮状態と、しみじみと安心する状態との間でより大きなギャップを感じます。

もうひとつ例をあげましょう。

前章で、子どもがやかんに触って火傷をしてしまう話が出てきました。

子どもがやかんを触る。痛いという感覚から始まって、すぐに指を離して、でも火傷をしてしまって、火のついたように泣く。


やばいこと、痛いこと、辛いことが起きた時に、その時の感情と共に記憶するメカニズムが脳に存在する。「熱いやかんを触ったら火傷をした」という記憶があるから、次に熱いやかんを触ることがなく生存にとって有利に働く、というシステムでした。この「やばい」と感じて記憶する時にも、ノルアドレナリンが放出されています。


強い恐怖など心を揺さぶるような出来事に関連した情動記憶には、脳の扁桃体とノルアドレナリンが強く関連しています。これは情動記憶と呼ばれています。

例えば脳内で、病気や傷のせいで扁桃体がうまく働かない人がいます。このような患者さんでは、短時間の記憶や、物事を判断するような認知機能には障害が認められません。

しかし、扁桃体が働かない場合には感情が強く動いた時に起きていた出来事に関しては記憶できないのです。扁桃体が作動していない人では、情動記憶の神経回路が形作られず、感情の記憶を覚えておくことができません。

「やばい！」と危険を察知する → 全身の警戒状態を高める → 速やかに行動して危険を回避する → その後も警戒センサーを働かせて危険をチェックする → 危険な状態であったことを記憶に残す → 記憶を利用して再び危険に陥ることを防ぐ

これだけのシステムが私たちには備わっています。生存し、少しでも長く命を守るために。

何とも感動的ですね？

この美しいメカニズムがあるから、私たち生物はここまで発展してきたと言えるでしょう。

しかし、物事には必ず表と裏があるように、プラスに働くものは同時にマイナスになることもあります。

長所は同時に短所にもなり得るのです。

こんなに便利で有用なメカニズムが短所になるとはどういうことでしょう？
警報システムには、二つのデメリットが存在します。

まず一つめのデメリットは、警戒警報システムを回すことによるものです。周囲の危険を敏感に察知しようと、全身の警戒状態を高めるということは、非常に集中している状態です。ビルの警備で言えば、泥棒が入ったということで翌日から二〇〇人の警備員を動員してビル全体を巡回させるようなものです。一日二日ならよいのですが、この状態が長く続くと、警備員も警備される方も疲れてきます。いつまでも二〇〇人体制の警備を続けることは、費用上もシステム上も無理がきてしまいます。

同様に、脳内で警戒システムを回しすぎてしまうこともよくありません。人間は、一〇〇メートルは全力疾走できますが、マラソンの四二・一九五キロは全力疾走できないですよね？　それと同じです。

人間が警戒システムを回し続ける、つまり緊張して興奮が続くとどうなるでしょうか。しばらくの間は興奮して活発に動くことができます。しかし、その後は脳がだんだん疲れてきて元気が出なくなってきます。先程の、ビルの集中警備が続かないのと同じです。いつも興奮し続けると、それ以上に頑張れと言われても対応できないのです。

行動が鈍くなる、元気がなくなる。身体が疲れやすくなり、調子がおかしくなってきます。それでも頑張っていると、頭の働きが鈍ってきて、集中力や持続力が続かなくなり、ある日起きられなくなってしまいます。

このような状態が長く続くと「うつ病」になってしまいます。

うつは危険が長く続きすぎる、長いストレスに対応し続けようとして起こってしまう病気なのです。

また、危険に対して警戒警報システムが過剰に働きすぎてしまう人もいます。

ある日突然、何でもないのにひどく動悸がしたり、息が苦しくなったりしてしまう。ドキドキして息が苦しくなって、心臓がギュッと痛くて、このままもしかすると死んでしまうんじゃないかと思って、あわてて救急車を呼びます。でも、運ばれた病院では何ともないと言われる。絶対に心臓か肺の病気だと思ったのに。どうしてだろう?

このような状態は、パニック発作と呼ばれる症状です。「パニック映画」といわれるような、「人が混乱に陥っている」という意味のパニックとは違い、精神科の病気です。

危険警戒警報のサーチライトが働きすぎてしまっている状態です。

寝不足のほか、ストレスがかかり続けることや、自分を追い込んでいる時など、扁桃体が興奮しやすくなっており、ちょっとした体のきっかけでも非常に大きく感じやすくなってしまっています。一度警報システムが発動すると、全身が敏感に反応する状態になり、体中でサーチライトが点滅します。ちょっとした体の変化に大きく反応し、さらに不安になり警報システムが回り、ますます反応が強くなる……と、悪循環が繰り返されていきます。

二つめのデメリットは、情動にまつわる記憶を強く覚えておくというメカニズムです。危険を感知した時のことを覚えておくのは、生存にとって大変重要です。しかし、そのような辛い記憶ばかり残ってしまうのも問題です。

ちょっと想像してみてください。

高校時代、野球部に入っていたとします。ポジションはセンターです。高校三年生の夏、甲子園の予選にチームが出場しました。自分もなんとかレギュラーに入ることができました。

九回裏、相手の攻撃。一点差に詰め寄られています。二死ですが、一、二塁に俊足のバッターが陣取っています。

ピッチャー、振りかぶって投げました。カーン！　ボールは高く上がって、自分の方に飛んできます。平凡なセンターフライです。ミットを構えて、後は取るだけ。

なのに目測を誤って、ボールを後ろにそらしてしまいました。あわてて拾いあげて送球しますが、すでに逆転ランナーがホームベースを駆け抜けた後。チームは自分のミスで逆転負けしてしまいました……。

こんな記憶はなかなか頭から離れてくれません。

大学に進んで野球から離れても、ＴＶで甲子園の中継を見たり、街でユニフォームを着た高校生を見かけると、何度もその場面がよみがえってくる。よみがえるたびに考えます。どうして自分はあの時ミスをしてしまったんだろう。自分のミスでチームの皆に申し訳ないことをした。高校三年間、一緒に野球に打ち込んで、苦労して練習してきたのに、全部水の泡になってしまった。

そんなことばかりを思い出していて、ふとしたことをきっかけにまた辛い思いがよみがえってくる。何度も何度も申し訳ない気持ちになってしまって、そうすると気分が落ち込んでしまい、野球自体が嫌いになってしまいますよね。

その過去の記憶から逃れられなくなってしまう。情動記憶メカニズムが悪さをしてしまうのはこんな感じです。

先ほどの、パニック発作という病気でも同じようなメカニズムが働いています。

パニック発作が起きると、心臓がドキドキしたり、呼吸がしにくくなったりと、死んでしまうかもと思ってしまうくらいの恐怖が全身を襲います。当然、

脳には「非常な危険が起きた」という出来事として記憶されます。発作が起きた場所、時間、季節、状態など、さまざまなタグが脳に記憶として残ります。

例えば、電車の中でパニック発作を起こした人がいるとしましょう。

次に電車に乗った時、「前回、電車の中で発作になったんだよな……。嫌だな……。また起きたらどうしよう……」と思い出してしまいます。

「電車」というタグが、パニック発作の記憶を引き出してしまったのです。

こうなるともういけません。電車に乗るたびに発作を起こし、辛い記憶が増えていきます。どんどん情動記憶メカニズムが強化されてしまうのです。

ついには、駅に行ったり電車に乗るということを考えるだけで発作が起こりそうになり、怖くて電車に乗れなくなってしまいます。このような状態を、**予想するだけで不安発作が起こってしまうということから「予期不安」と呼んでいます。**

さらに発作が起き続けると、どんどん行ける場所が少なくなっていき、家から出ることすら怖くなってしまうという状態になります。電車だけでなく、車、バス、エレベーター、新幹線、飛行機と対象が増えてしまうのです。広場恐怖と呼ばれる状態です。

私が診療の中で出会った方で、「関西の電車は乗れるけど、東京では電車に乗れません」という方がおられました。

「だって先生、東京に行って驚いたんですけど、東京ではトイレつきの車両が少ないんです！　発作が起きた時、トイレに駆け込めると思うから安心なのに」

このような不安を抱えておられる方が、これまで何人もおられました。

さらに、この記憶のメカニズムがもっと悪さをしてしまう病気があります。

トラウマという言葉を聞いたことがあるでしょうか？　トラウマというのは、心に外傷を残してしまうくらいの悪い記憶という意味です。

大事故に巻き込まれる、暴行を受けるというような、九死に一生を得たような経験をした時、その記憶が脳に焼き付いてしまって離れなくなり、普通に生活している時に突然その記憶を思い出してしまうことがあります。

例えば、レストランで友人と楽しくしゃべっているのに、皿がガチャンと割れる大きい音が引き金になって、強盗が窓ガラスを割って侵入してきた時のことを思い出してしまう。一瞬で脳内の警報システムが働き、動悸や息苦しさがよみがえってしまう。これはフラッシュバックと呼ばれ、何年も続くことさえあります。

このような病気は、心的外傷後ストレス障害、PTSDと呼ばれています。戦争・交通事故・大災害など突然衝撃的な出来事を経験した後に、そのことが忘れられなくなり必要のない場面でもつい思い出してしまって、生活ができなくなる病気です。わが国でも、地下鉄サリン事件や阪神大震災などで被害を受けた人が多発して、いまだに後遺症に苦しんでおられます。

PTSDでは、ノルアドレナリンが放出されて怖い事故の記憶が強く焼き付いてしまいます。ですから、大事件に遭遇したすぐ直後にノルアドレナリンの作用を抑えるβ遮断薬を服用すると、嫌な記憶が残りにくく、PTSDが発症しにくいということが分かっています。ノルアドレナリンを抑えて記憶が焼きつくのを防ぎ、後々辛い記憶に苦しめられることをなくそうという治療です。

私たち人間の弱点を逆に治療として用いる、科学の進歩といえるでしょう。

危機を記憶する、脳内の警戒警報メカニズムの罠について見てきました。

では、警報メカニズムを自分でコントロールすることはできるのでしょうか？

車にひかれそうな時や、家に強盗が侵入しているかもしれない時など、本当に危険な時は当然警戒しなければなりません。

しかし現代では、ライオンやトラに追いかけられていた時代ほど「死ぬかもしれない」という危険は少ないでしょう。

むしろ、警戒警報システムを過剰に発動させ続けておくことによって疲労してしまう、本当に頑張らなければいけない時に頑張りがきかないことを予防した方が合理的です。

そのためには、どのような点に注意すればいいのでしょうか。まず一つめは、

警報システムの作動状況について自分自身で意識しておくこと

が重要です。私たちの脳と体は、非常に優秀なコンピュータのようなものです。私たちがコンピュータで作業をする時、ブラウザ・ワープロソフト・表計算ソフト・音楽演奏ソフトなど自分が立ち上げたソフト以外にも、パソコンをスムーズに動かすためのファイルや、ウイルスチェックソフトや、自動バックアップシステムなど、気づかないうちにたくさんのソフトが並行して動き、リソースを分け合っています。

私たち自身も同じです。仕事中、作業以外は何も考えられないくらい集中しているように見えて、実は意識下では「眠い」「空腹だ」などのソフトがこっそり動いています。ここに「不安だ、何が起こるかもわからない、警戒しておこう」という警報システムが作動していると、思考力・集中力というリソースを食い荒らしてしまいます。私たちもコンピュータ同様、体力は有限ですから、警報システムがメインで動いている時は、なかなか他のことに集中できません。そうすると、仕事が思うようにできないという不安が加わって、余計に焦ってノルアドレナリンが出てきてしまいます。

「自分には、逃れることのできない警報システムがあり、危険なことがあって緊張するとサーチライトが点滅する」

ということを覚えておきましょう。

今、自分の危険警戒サーチはどうなっているのか？

ちょっと働きすぎているかも、と自覚できたら、もうあなたが警報システムをコントロールできているということです。

例えば、段差につまずいて転びそうになった。ドキドキした。その後もしばらくドキドキが続いている。

どうしたんだろう、自分の心臓はどうにかなってしまったんじゃないだろうか？　と考える。

これではダメです。余計に警報システムが回ってしまい、さらに敏感になり、身体の症状を強く感じてしまうことになります。

今、自分の危険警戒サーチが発動している。だから、ちょっとした刺激や感覚も敏感に感じるようになっているんだ。これはしばらくしたら落ちつくから、ちょっと動悸がするくらいなら心配はいらない。サーチをゆるめよう。

このように、セルフコントロールすることが大切です。


危険警戒サーチに気づき、意識してその発動レベルを下げてみましょう。

自分で自分の警戒を解くことが、健康を保ち、冷静に判断するために非常に重要なのです。

特に、このサーチが敏感になりすぎてしまっている人、例えばパニック障害の患者さんは、運動する、コーヒーを飲む、ビールを飲むというような状況でも発作になることがあります。これは、健康な人でも運動やカフェイン、アルコールの作用で脈拍が速くなるのに、その動悸に対して「今、またパニック発作が起こっているんじゃないか」と脳が誤解してしまっているのです。これは、危険警戒サーチが働きすぎているといえるでしょう。

不安になった時や緊張した時は、危険警戒サーチを自分で意識して、働きすぎないよう警戒を解くことが大切です。二つめは、

警報システムが発動して嫌な経験や状況を記憶してしまう時に、同時に解決法も記憶してしまう

ということです。

例えば、重要な商談の時に、緊張しすぎてうっかり大切な資料を忘れていったとします。

相手はちょっとむっとした顔をしています。まずい！　やってしまった！　ドキドキしてきて、汗もかき、頭が真っ白になります。

その後の話が支離滅裂になり、余計に営業トークが進まなくなってしまいました。

これは嫌な経験です。

しかし、うわー失敗した、どうしよう、大変だ、ドキドキする、ということが起こった時に、後で本当はどうしたらよかったのかという解決法を一緒に考えておきましょう。

人間の記憶は意外にあいまいなので、解決策も一緒に考えておくと、自然とそれも一緒に思い出されるようになる。タグが一緒に保存されるのです。

「パソコン上での資料ファイルを忘れてもいいように、紙も必ずプリントアウトして持っていこう」

「会社を出るときに、必ずもう一度確認しよう」

やってしまった！　という辛い気持ちになった時、同時に解決策まで考えておくということです。そうすると、次につながり、失敗を繰り返さないということになります。

次に商談に出かけた時、前回の失敗を糧にしてファイルを確認していった。安心したので、落ちついて話ができて、思ったよりいい方向でまとめることができた。やった！　これで失敗を成功に変え、成功体験にして、成長につなげることができたのです。

行動習慣 *4*

「脳が成長する人」は早とちりする

自分がポジティブになる魔法　ポジティブリピート

脳は非常に誤解しやすくできています。


TVのクイズ番組で早押しクイズがありますね。

「さて問題です。日本最初のか……」

ピンポーン！

こんなに早いところで回答ボタンを押す人がいます。

司会者「答えをどうぞ！」

「和同開珎」

司会者「正解！　日本最初の貨幣はなんでしょうというのが問題でした。答えはおっしゃる通り。和同開珎です」

この時の解答者の脳内では、ほんのわずかの時間内に問題の先を予測して、その問題にあてはまる答えを探し当てます。

「早く判断できる人は偉い」とある意味私たちは考えています。

でも、これだけではクイズ番組が面白くありませんから、近頃こんな問題も出てきました。

「日本最初のか……」

ピンポーン！

司会者「答えをどうぞ！」

「和同開珎」

司会者「残念!!　では、問題の続きをどうぞ！」

「日本最初の貨幣は和同開珎ですが、和同開珎が鋳造されたのは何年でしょう？」

ピンポーン！

司会者「はいっ、次の方どうぞ！」

「七〇八年！」

司会者「正解です！　最初の解答者はお手つきでミス1です」

私たちの脳は、なぜ早とちりをしがちなのでしょうか。

寒い冬、肉まんだと思ってかじったら、あんまんでがっかりした。

後ろ姿がきれいな女性を見かけて、期待に胸をふくらませて前にまわってみる。

四番バッターが打席に立ったら、観客が逆転満塁ホームランを打ってくれるんじゃないかと期待する……


人間がまだ森や草原で暮らしていた原始時代、瞬時に判断する個体の方が生き残りやすかったと考えられます。木の上に赤い色がちらっと見えたのはおいしい果実が実っているのかもしれない。いち早く行って餌にありつこう。草むらがガサガサ揺れたのはトラがいるからかもしれない。気づかれないうちに急いで逃げだそう。

瞬時に判断して、それに従って動くことには間違いも多かったでしょう。しかしそのリスクを冒してでも、脳は瞬時に行う判断を必要としているのです。


脳は誤解しやすい、という事実は他にもあります。

出張中、朝一番にビジネスホテルから出ていく時に子どもから「今日も頑張って」とメールが届いた。とても些細なことかもしれません。でも、その日は一日中なんとなく楽しくて、仕事がスムーズにいくような気がした。顧客から頼まれた面倒な修正作業も、後輩が持ち込んでくるやっかいな依頼も気軽に引き受けて、「珍しいですね」と驚かれた。

あるいは、出勤途中、スーツに泥がはねた。クリーニングから戻ってきたばかりだったのに。その日は一日中なんとなくイライラして、仕事帰りに彼女とデートだったのに、小さなことから喧嘩になってしまった。

どちらも、それだけでは仕事や生活に影響を与えるような大きな出来事ではありませんが、一日を過ごした結果は違ってしまいました。

私たちは、脳内の扁桃体で情動反応を処理しています。不安になるような刺激があると、扁桃体が恐怖行動を引き起こします。ノルアドレナリンが脳内で分泌されて、不安警報システムが働き、刺激に対して敏感な状態になります。

逆に不安の少ない時、つまり「楽しい」と感じている時は、扁桃体はあまり動きませんから、刺激に対して敏感でなくてもやっていけます。

先ほどの早とちりシステムが、情動面でも同様に働いています。脳は誤解しやすいので、楽しい気分の時は、しんどいことや嫌なことも「まあいいか」と思ってしまいがちです。扁桃体があまり動いていない時は、不安警報システムが弱くなっているので、嫌悪刺激が加わっても小さいものなら不安警報システムは回りません。

逆に気分が落ち込んだりイライラしていると、扁桃体の不安警報システムが働き、危険回避信号が発生して、ノルアドレナリン分泌が高まります。こうなると些細な刺激にも過剰に反応してしまいますので、本当は楽しいことまで楽しく感じられなくなってしまいます。

同じシステムが、ネガティブな考えにもポジティブな考えにもつながっているのです。

ネガティブで不安が高い状態に脳が陥っていると、不安警報システムが働き、物事をよりネガティブに受け止めやすくなります。逆にポジティブで不安が少ない状態で脳が回っていれば、不安警報システムが不活発になって安心している状態になっていますので、少々の物事には動じず、ネガティブに受け止めにくくなります。

私たちは、出来事が起こるたびにその結果に感情を動かされているというよりは、最初に動かされた感情によってその後起こる出来事の評価が左右されているといえます。ただし、大きすぎる出来事はこの限りではありません。

では、私たちはどのようにすれば物事がうまくいくのでしょうか。

「成功する人の習慣」というような文章を読んだことがあると思います。大部分が「物事をプラス思考に考えよう、ポジティブシンキングにしよう」と書いてあります。これは先ほどのメカニズムを考えても非常に正しいといえます。

いつもポジティブな思考でいることを心がけていれば、扁桃体の不安警報システムが回りにくいため、ストレスとなるイベントがあっても、落ち込みにくくなります。

それに加えて最初に、自分をポジティブな状態にセットしておくことが重要です。いったん出来事をポジティブに受け止めると、その後の出来事もポジティブに感じやすく、それが繰り返されていきます。成功しやすく、報酬を得やすくなるということにつながります。脳の早とちりメカニズムを活用して、自ら脳をポジティブな状態に置いておき、脳にプラスの回転をかけておきポジティブリピートを起こしているのです。

社会的に成功している人、社長や役員、有名人には非常にポジティブ思考として知られている人が多いのも、ポジティブが再生産されていくので社会的にも成功する、つまりはポジティブリピートがかかっている状態だと言えるでしょう。

「縁起を担ぐ」という言葉があります。絶対に仕事を成功させたい時に、以前大きな契約を取った時のネクタイをしていくことにする。自分の中の成功体験を利用して、「以前うまくいったんだから、今日もうまくいくに違いない」と自分をポジティブな状態にしておき、早とちりメカニズムを活かして現実にポジティブリピートを作り出していくという考えを現実の行動にまで落とし込んだものです。脳から考えても非常に前向きな行動といえます。

さらにリーダーになると、部下の心にもそれを応用することができます。

一九〇〇年代、ニューヨーク・ジャイアンツを一〇度のリーグ制覇に導いたマグロー監督は、「青い服を着た女性が球場に来ると、うちのチームが試合に勝つ」と選手たちに予言したそうです。試合の日、選手たちがドキドキしながらスタンドを見上げると確かに青い服の女性がいました。選手たちは幸先がいいと喜び、監督が予言したとおりチームは快勝しました。

しかし本当は、監督がこっそり青い服の女性を雇っていたのです。ポジティブリピートを選手に起こさせることを知っていた、監督の心理戦術が勝利を収めたといえましょう。

脳に働きかけることで自分を変える

「人は道具を使う動物であり、道具を使うことにより自然の形を変え、衣食住など人間の望みをより良く満たしてきた（カーライル／イギリスの思想家）」

脳は変化する!!

地球上の歴史において、私たち人間が地球上で現在最も進化した生物といわれるのは、大脳の発達により、体重当たりの脳重量が非常に大きくなったという特徴をもっていることに由来します。脳の発達により、ヒト属を他の生物からはっきりと分けるものが三つあります。言語、火、そして道具の使用です。

ホモ・サピエンス、すなわちヒト属は、そもそも猿人から進化してきました。猿人からもうひとつの進化をたどったのがアウストラロピテクスと呼ばれる亜人類です。ホモ・サピエンスが地球上の隅々まで広がり、アウストラロピテクスが絶滅に至ったのは、道具を使用したか否かの差だと言われています。アウストラロピテクスはあまり道具を使いませんでしたが、ホモ・ハビリス、ホモ・エレクトス、ホモ・サピエンスと進化してきた私たちの祖先はどんどん道具を開発し、使用していきました。道具の使用、それはすなわちヒトの進化の過程であるといっても過言ではありません。

では、道具を使用するときに私たちの脳はどのように働いているのでしょうか？


まず、道具を使わずに作業を行う様子を考えてみます。

果物の桃を手でつかむことを想像しましょう。

目の前にピンク色をした、丸い、うっすらと産毛の生えた桃があります。いい匂いがしますから、熟れ頃で柔らかくなっているのでしょう。

目で桃との距離を測りながら、自分の手を桃の方に伸ばしていきます。

手が震えないようにバランスをとり、手と桃が近くなってくると、スピードを緩めて手が桃を弾き飛ばさないように注意します。

桃の重量を予想し、強すぎず、かといって落とすほど弱くもない力で桃に触ります。指が桃に触れた瞬間、思っていたよりも柔らかかったので速やかに力をもっと弱め、慎重にゆっくりと、つぶさないようにそっと持ち上げます。

単純な「物をつかむ」という作業の中で、脳内ではめまぐるしく情報処理が行われています。

「感覚情報の入力」→「判断」→「動作への出力」ということです。

軍隊に例えれば、脳は方針を決定して各所に指令を飛ばす司令部、目や鼻は情報を収集して進捗管理を行う部隊、手や指は実際の作戦行動を行いつつさらなる情報を上げる部隊です。それらの情報が統合され、非常に複雑な行動を行うことが可能になるのです。

次に道具を加えてみましょう。

先ほどの桃を、今度はスコップのようなもので持ち上げることを想像します。スコップを持ち、スコップの長さを計算しつつ桃まで手を伸ばし、スコップの先で傷つけないように細心の注意を払ってスコップを桃の下に滑り込ませます。その時ちょっとぐにっとめりこむような感覚が手に感じられたので、あわててスコップを移動させるスピードを落として桃をすくいあげます。

ここで、私たちの手はスコップを握っているだけで桃には触れていませんが、スコップの先に桃が当たったのが分かります。道具から手や指が感じるわずかな感覚で（このことを医学用語では圧覚や振動覚と呼びます）、桃の柔らかさを判断することができるのです。

つまり、道具を使っている分だけ脳の活動範囲が広がったと言えるでしょう。

もう一度、道具と脳の関係について、今度は実際に体験してみましょう。

利き手にペンのような少し長いものを持ってください。そして目を閉じて、ペンの先で身の回りにあるいろいろな物に触ってみてください。


いかがでしたか？

机を叩いた時には、カンカン音がして硬い感触。

ティッシュに触れた時は、ふわっとした頼りない感触。

クッションに当たった時は、やわらかい感触。

見えていないのに、ペンの先が本や机に当たるのを感じ、硬いか柔らかいかという質感まで感じ取ることができたのではないでしょうか。ペンの先には神経は通っていませんが、私たちの脳は、指先からペンのわずかな振動や反発を感じることで、あたかも神経がそこまで伸びているかのように情報を得ることができるのです。

道具を持つと、道具の先まで神経をいきわたらせることができて、その分だけ活動範囲を増やすことができます。


例えば、日常生活でよくある次のようなシーンです。

犬の散歩に出かける時、散歩に喜んだ犬が走って逃げないような、なおかつ犬の首輪を引きずらない程度の力で、犬のひもを引っ張って歩く。

ゴルフでバンカーにはまった時、グリーンまでボールを押し出すのに必要な力や風向きを計算して手前の砂を叩く。

高枝ばさみで庭木の剪定をする時、目に見えなくてもコンクリートのポールに当たった瞬間に「これは切れないからよけよう」と力を弱める。


私たちの脳は、手や指のような自分自身の身体だけでなく、道具も計算に入れて情報を判断したり、行動を制御したりできるようになっているのです。私たちは生活を便利にするために道具を開発し、さらにそれに対応するべく自らの脳を成長させます。そのサイクルをどんどん繰り返した結果、ヒトという種が進化し、生き残ることができました。

道具を使うのは人間だけではありません。しかし、車のタイヤでクルミを割るカラスや、木の枝でアリ塚からアリを吸いだすオランウータンは、その道具をどんどん変えていくことはありません。

しかし人はすぐに道具に対応し、それを作りかえることができます。変化に対応できる脳を、数万年にわたって育ててきたということなのです。道具を使うことによって脳の活動範囲を増加させ、そのことによりさらに脳が成長するという循環によって、ヒトという種が進化してきたといえます。

今、私が最も身近に感じている道具の変化は、この原稿を書くために使っているパソコンです。コンピュータの原型ともいわれるパスカル計算機が発明されたのが一六〇〇年代、当時は手動式で、ぜんまいをまいてやらなければ動きませんでした。コンピュータとは少し違いますが、電卓が出た数十年前でさえ「電卓よりそろばんの方が早いよ」なんて言われていました。

しかし、あっという間にパソコンが世の中に普及し、一人一台以上パソコンを持っている時代になりました。脳がコンピュータのキーボードに対応し、考えるのと同じスピード

図７：進化する道具への対応

道具が進化してもすぐに慣れる

でタッチタイピングすることができるようになっています。このたった数十年で人間はコンピュータという新しい道具を使いこなせるようになり、さらに便利に進化させています。コンピュータを開発しているのは企業の技術者たちで、それは人類の中でごく一部の小集団です。しかし、他の人間もすぐにその変化に対応してついていくことができます。道具が変わっても、脳は変化に対応することができる、驚くべき能力を秘めているのです。図7

脳が変化に強い理由、それは二つのメカニズムが関わっています。

脳の神経細胞が増加するメカニズムと、

記憶と学習のメカニズムです。

まず、脳の神経細胞の増加についてです。

私たち人間の細胞の多くは、およそ三カ月で生まれ変わります。しかし、長い間、脳細胞だけはわれわれが生まれた直後、新生児の時が一番多く、年齢と共に減少し、新しく誕生してくることはないとされてきました。

「脳の細胞は一日に一〇万個ずつ減っていくと聞いたのですが、どんどん減って最後には脳全体がなくなってしまうんじゃないかと心配です」

講演で、こんな質問をいただいたことがあります。一日一〇万個、一年で三六五〇万個、人生八〇年では三〇億個減少するわけですから、非常に大きい数字のように見えますね。こんなになくなるんじゃ自分が自分でなくなってしまう。大変なことになるんじゃないかと心配されるのももっともなことだと思います。しかし、脳細胞は全体で約一〇〇〇億個あるといわれていますから、八〇年生きるとしても減る分はたった三％に過ぎず、生命活動に支障を来たすほどではありません。では、

脳の神経細胞が新しく生まれることは本当にないのでしょうか。

脳細胞が私たち人間自身の目にもはっきりとわかるようになったのは二十世紀に入ってからで、まだ一〇〇年ほどしか経っていません。一九〇六年にカハールとゴルジがニューロンの研究でノーベル賞を受賞し、それ以後研究が盛んになりました。

それ以来、「人間の脳神経細胞は年々死滅していくだけで、いったん壊れたら決して元には戻らない」と考えられていました。しかし一九九八年、脳内で記憶に関連する部位である海馬で新しく生まれた神経細胞が確認されました。さらに研究は進み、今では、

海馬の神経新生は一生にわたって続くこと、海馬以外の灰白質でも神経細胞の新生が起こることが確認されています。

脳は人間の思考や行動を司る管理センターです。脳の神経細胞が新しく生まれるのは、周囲の環境変化に対応するためといっていいでしょう。

実例をみてみましょう。ジャグリングという大道芸を、TVや街で見たことがある方がいると思います。棍棒やボールをいくつも中に投げ上げ、器用に受け止めるパフォーマンスです。お手玉のパワーアップバージョンといったところでしょうか。

ジャグリングの演者は、空中に同時に存在する複数のボールを目でとらえて速やかに対応しなければならず、非常に高度な動体視力と反応性が要求されます。このパフォーマンスを日々行っている人間の脳では、動体視力に関する運動視の部分の脳が増大していることがわかっています。そして、練習をやめてしまうと、増加した脳の容積も一般人程度に戻ってしまうということです。

ジャグリングを上手に行うために、脳がその部分だけ進化したのです。水泳選手の胸筋が発達したり、陸上選手の走力がトレーニングで向上したりするのと同じです。ただしこの変化は恒久的なものではなく、使わなくなると脳はまた平常に戻ります。

変化に対して、脳の神経細胞が増加する、つまり量的変化についてみてきました。では、質的変化はどうでしょうか。

何かを行うとき、私たちは記憶と学習というメカニズムに従って行動しています。

生まれたばかりの赤ちゃんには記憶はありません。しかしそのうちお母さんの顔だと喜び、それ以外の顔に対しては泣くという人見知りをするようになります。これは、「この顔はお乳をくれる顔だ」と記憶し、学習したのです。神経細胞に記憶が蓄えられ、お母さんの顔—お乳—おなかいっぱいになる—幸せ、という新しい回路が形成されることによって、赤ちゃんの脳内で変化が起こっています。

毎日、私たちの脳は環境の新しい変化に対応しています。街角に新しいコンビニができた。課長は意外に甘いものが好きだ。辛い仕事だったがやり遂げると嬉しくていい経験になった……。

常に私たちの脳内では新しく神経細胞が生まれたり、新しく記憶の回路が組み変わったり、学習したことが増えたりしています。朝出かける時と夜戻ってきた時のあなたはすでに変わっているのです。

この神経系の可変的な性質のことを、可塑性（plasticity）と呼んでいます。脳とは非常に変わりやすいものだといえます。

脳の変化とは、すなわち神経細胞の変化です。神経細胞を大きく伸ばすことができる物質が脳内に存在します。一九八六年にレビ・モンタルチーニ博士がブタの脳で発見した**Brain-derived Neurotrophic Factor（BDNF）**と呼ばれる物質です。図8

植物に水をあげると成長するように、神経細胞もＢＤＮＦという栄養因子が存在するとぐーんと大きく伸びるのです。ＢＤＮＦは非常に脳内で重要な物質で、ＢＤＮＦのわずかな変異によりアルツハイマー病と同じような神経の変性が起きてしまいます。

では、このＢＤＮＦはどうやって増えるのでしょうか？

現在のところＢＤＮＦを調節し得る後天的要因は四つしか報告されていません。

1．ストレス

ストレスが増えるとＢＤＮＦが減ることが研究で示されています。図9

2．睡眠

睡眠が不足するとＢＤＮＦが減少します。

3．運動

運動するとＢＤＮＦが増加します。

4．抗うつ薬

抗うつ薬はＢＤＮＦを増加させて、海馬での神経細胞増殖を促進する効果があり、うつ

図８：神経栄養因子（neurotrophin family）

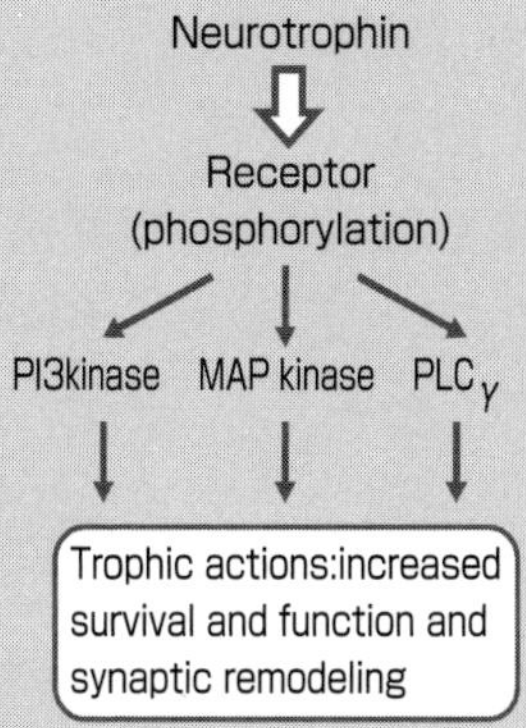

【神経栄養因子】

神経細胞に作用
分化促進、生存維持、可塑性変化
Ex. 脳由来神経栄養因子 (BDNF)
神経成長因子 (NGF)

【受容体】

細胞膜に存在
チロシンキナーゼ活性
神経栄養因子の種類により
特異的な受容体が存在する
Ex. TrkA (NGF)
Trk B (BDNF)

図９：グルココルチコイド海馬の萎縮 (Bisagno et al., 2000)

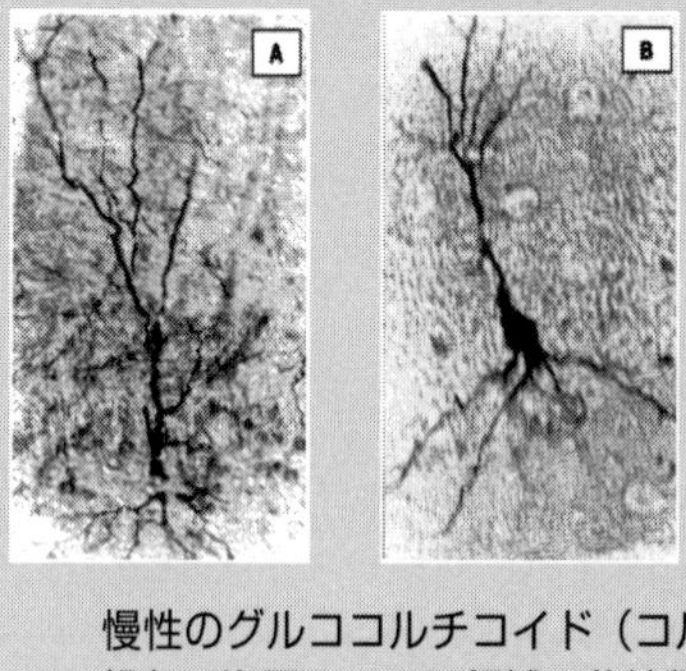

海馬 CA3 錐体細胞

A: 対照群
B: ｺﾙﾁｺｽﾃﾛﾝ

慢性のグルココルチコイド（コルチコステロン）投与は海馬の CA3 領域の分岐数と樹状突起の長さを減少させ、海馬の萎縮を引き起こす病の症状改善に関係していると報告されています。しかし、健常成人が抗うつ薬を服用した時に、神経細胞増殖などの期待される効果が得られるかどうかはまだわかっていません。

これらの四つの環境、元気な人にとっては特に初め三つの環境を整えることが、脳の神経細胞を良い状態に保っておくために重要なことといえます。

よく遊び、よく眠り、よく運動をすること。よく学び、ストレスを溜める生活を送らないこと。

神経科学が教える教訓は、これまで何千年にもわたり人類が育ててきた英知そのものですね。

一方で、モティベーションを高める、「気合を入れる」ということも自分の実力を一〇〇％発揮するためには大切なことです。

京都の醍醐寺で毎年二月に重い餅を抱えあげて力を奉納する「五大力尊仁王会」という行事があります。紅白の鏡餅は一五〇キログラムあり、普通でしたらちょっとやそっとではありません。しかし、「頑張れ！」という周囲からの声援、観覧に来ている家族や親戚の期待、TV中継のよい緊張感などがサブリミナル効果となり、高々と持ち上げることが可能になります。

そんな力がお父さんにあるなら、模様替えのときにタンスを持ち上げてくれたらいいのにと思っても、こればっかりはどうにもなりません。自分の意識では調節できず、脳が無意識に判断して調節している、その一瞬で自分の持っている力を全部出し切るようにさせています。

短期的には、気合を入れることで自分のリミットを外すことができるのです。

脳は誤解しやすく、また変化しやすいものです。

その脳のメカニズムを知っていれば、自分で自分を変えることができます。

自分が成長するということは、ある日突然滝に打たれて生まれ変わったかのように人生を変える！　ということではありません。日々の生活の中で自分をいい状態に保ち、その状態のままでポジティブリピートをかける、どんどん自分に仕事をさせ、結果をほめて、成長させていくということです。

いい成果が出れば、私たちは自分に起こった変化として脳内に記憶し、新しい神経回路を作ります。ポジティブリピートでさらにその回路をどんどん利用していけば、物事がうまくいきやすくなります。自分の脳のシステムを上手に活用して、仕事の成功確率を高めることができるのです。

行動習慣 5

「脳が成長する人」は PDCAを回している

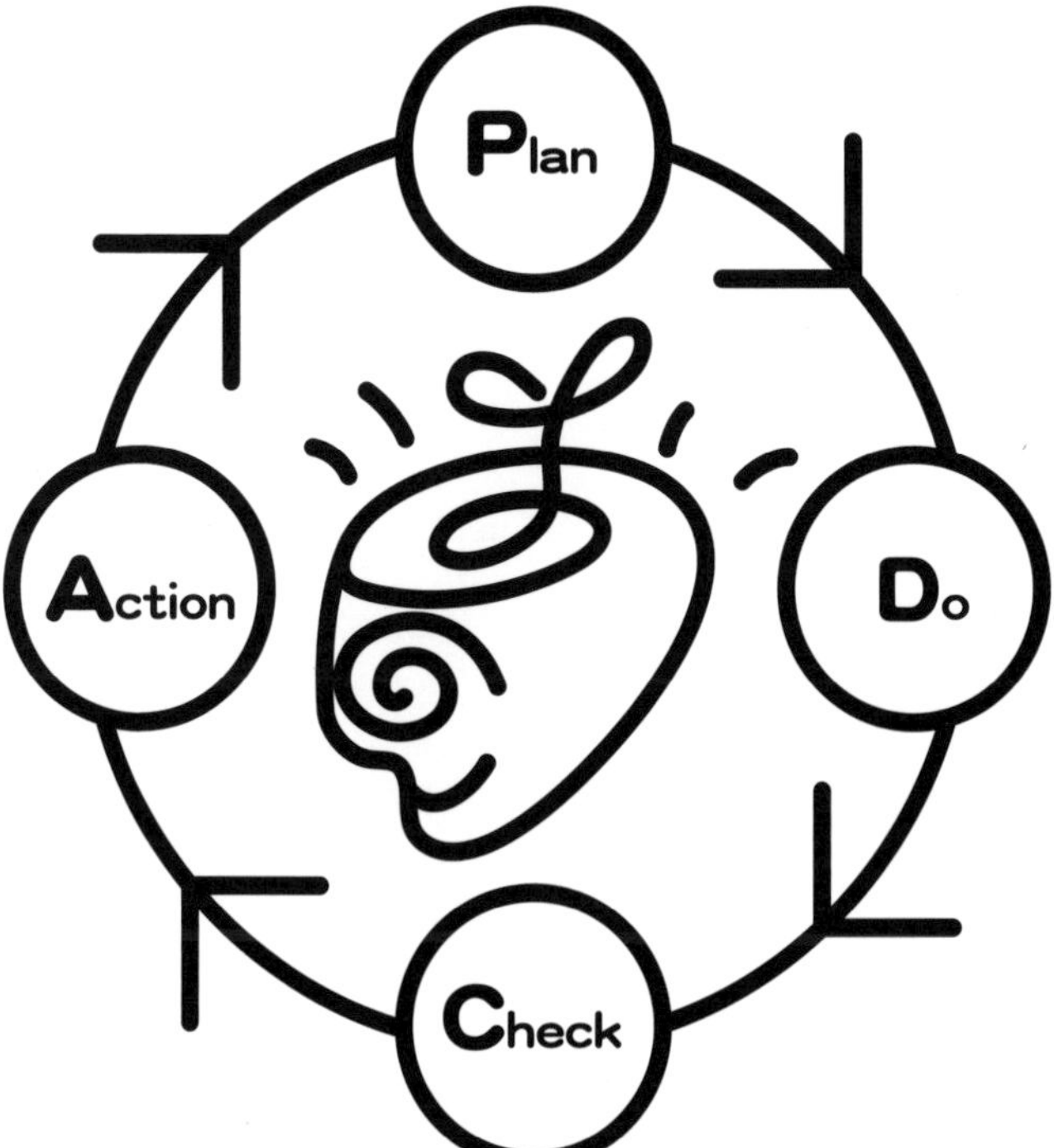

小さな達成を繰り返す

私が企業で講演する時、よくお聞きすることがあります。

どんな瞬間に、人間が成長したなと感じますか？
ぜひ、あなたの経験から考えてみてください。

どんなことを思いつきましたか？

「子どもが学校や塾でいい点数を取ってきた時」
「難攻不落と言われる営業先に何度も通った部下が、ようやく契約にこぎつけた時」
「開発業務で何日も頭をひねって苦労して、やっと顧客のお眼鏡にかなうアイデアが出た時」

これらは今までに会場からいただいた答えです。
この三つに共通すること。それは、

成功体験

です。それもただのラッキーによる成功ではありません。自分で努力して勝ち取った成功です。

教えられたことを教えられた通りにやってうまくいっても、それは自分の中での成功体験にはなりません。それはただの知識であって、脳内で記憶として固定しているわけではないからです。エビングハウスの忘却曲線によると、一晩寝れば七四%が忘れられてしまいます。

それに比べて、自分でやり方を探し、時には失敗し、試行錯誤しながらうまくいった時、初めて人は「成功したな」と実感します。人間は教えられるだけで自然に成長するのではなく、学んだことを自分の頭で考えてやってみて、成長したと言えるのです。

ホンダの創立者、本田宗一郎は次のように語っています。

「大変な目標だ。だからこそ、チャレンジするんだ。

多くの人は皆、成功を夢見、望んでいますが、私は『成功は、九九パーセントの失敗に与えられた一パーセントだ』と思っています。

開拓者精神によって自ら新しい世界に挑み、失敗、反省、勇気という三つの道具を繰り返して使うことによってのみ、最後の成功という結果に達することができると私は信じています」

鍛冶屋の息子に生まれ、自分一代で世界に名だたる自動車メーカーである本田技研工業を設立した人物の体験に根ざした深い言葉ではないでしょうか。

「最近の若者は指示待ち世代だ」といわれることがあります。学校でただ一つの正解しか教わってこなかったから、間違うことを非常に恐れてしまって、自分から何か行動を起こそうとしないと。しかし、与えられた指示に従って作業するだけでは成長しません。

例えば、ある作業に初めて取り組むとします。

詳しく教えられる　↓　教えられた通りにやってみる　↓　予想通りの結果が出る

これは当然ですから、いくら初めての作業であっても、それほど大きな感動は生まれません。

しかし、自分で考え出す場合はどうでしょう。

ひととおり説明を受ける　↓　自分で方法を考えてやってみる　↓　失敗　↓　改良する　↓　もう一度トライする　↓　成功！

この方が大きな感動が生まれます。そして、自分でやってみたことは忘れません。

先日、小学生の息子が社会科を勉強していました。

工業出荷額のグラフを見て、工業地帯名をそれぞれ答えるというものです。

「こんなの覚えられないよー」

「どれどれ、この間確か授業で習っただろう。例えば、これは機械生産が多い、機械といえば今は自動車だから中京工業地帯だろ」

「だって、京浜とか中京とか名前がいっぱいで覚えられないよ」

どうも息子は、名前とデータを丸暗記しようとしているようです。

「ただ名前を覚えるんじゃ、すぐ忘れるよ。例えば、うちの車はどこのメーカーだ」

「えーと、トヨタ」

「おじいちゃんちのは」

「ホンダ」

「いとこのお兄ちゃんのバイクは」

「ヤマハだって」

「それらの会社は愛知県と静岡県、中京工業地帯にあるんだ。日本中で車が走ってて、アメリカやその他の国々にもいっぱい輸出しているだろう。そうすると、たくさん機械を作ってるってことだ」

「へー、そうなんだね。前に富士山に登りに行ったけど、確かに工場がたくさん見えたもんね」

少し納得してくれました。

「京浜工業地帯は印刷業が多い。本や雑誌をたくさん作ってるってことだ。毎週読んでる週刊ジャンプは、どこの会社が作ってる?」

「ジャンプは……集英社、東京都千代田区って書いてある」

「東京の会社だろ。漫画家さんから原稿を集めて、出版社の人がいちいち遠くの工場まで持っていくのは大変だ」

「あー、だから近くで印刷してるんだね」

知識だけを覚えようとしていた息子も、自分の身近なことだったらすっと頭に入ってくるようです。

後日、「お父さんと勉強したところがばっちり試験に出た！」とニコニコ顔で報告してくれました。これできっと忘れないでしょう。


どうして教えられたことよりも、自分で考えたことの方が記憶に残りやすいのでしょうか。

それは試行錯誤の過程において、悩んだり、「これでいいのかな」と不安になったり、「これならいける！」と興奮したりするからです。


3章でみたように、人間の脳は不安や緊張が高まるとノルアドレナリンが放出されて、不安警報システムが回りはじめます。ドキドキして汗をかき、注意力が高まります。この状態は人間にとって「覚えておかなければいけない状態」として強く記憶されるのです。

「つり橋効果」と呼ばれる心理学用語があります。異性とデートしているとき、つり橋を一緒に渡ると、落ちるかもしれないと思ってドキドキする。そこで告白されると恋に落ちやすくなってしまう。

これは脳による大いなる誤解です。つり橋によって不安になり興奮しているのに、「自分は隣にいる異性が好きだからドキドキしているんじゃないか？」と思ってしまうのです。

アクション映画のストーリーも同じですね。ヒーローとヒロインが命を狙われるような危険な目を何度もくぐりぬけるうちに、いつのまにか愛がめばえてきます。ドキドキすると、記憶に残る。仕事でも同じことです。

脳が成長するということは、成功体験を積み重ねるということです。

ある仕事や問題に対して、新しい解決策を自分で見つけ出し、体験し、やってよかった！　と記憶する。そうすると、1章で出てきた報酬系が回ります。ドパミンが分泌され、ドパミンによって報酬系の回路がどんどん強化されていきます。

若い時に、疲れを知らずにどんどんチャレンジできるのは、新しい解決策を次々に発見できるので、好奇心や挑戦の喜びが満たされ、脳が成長するからです。

ベテランでもパワフルで元気な方はたくさんおられます。常に新しいことに取り組み、学び、創造し続ける方たちです。

私たちは年齢を重ねて経験を積むに従って、「守りに入る」といわれるように、ワクワクすることが減ってきてしまいます。しかし新しい成功体験を続けることで、報酬系が回って新たな記憶や経験を得られるので、脳がなかなか老化しない、「若い気持ちでいられる」のかも知れません。

チャレンジ精神を持って新しいことに挑み続ける。

脳を老化させない一つのコツです。

大きな目標をもち、努力するのは非常に大切なことです。

しかし、あまりはじめから大きすぎる目標を掲げると失敗ばかりして成功体験が生まれません。そのうち「自分にはできないんだ」と思って取り組むことをやめてしまいます。

これでは、「負の成功体験」、つまり「失敗するという経験と記憶」を積み重ねてしまったようなものです。取り組んだ時間もエネルギーも無駄になってしまいます。

では、上手に成功を続けるためにはどうしたらいいのでしょうか。

小さな成功を積み重ねること

です。脳は非常に誤解しやすいということを4章で述べました。そこで出てきたポジティブリピートをかけるのです。

「営業成績で全国トップになりたい！」という目標を持ったとします。今の成績は地方の支店で下から三番目。全国トップまでの道のりは遠そうですが、できることを考えていきましょう。

例えば、自分の一つ上の先輩と成績を比べてみましょう。先輩がしていることで、自分が真似できそうなことはありますか？

支店でトップの人が自分と同じ年代の頃は、どんな勉強をしたのでしょうか？いろいろ考えてやってみる。電話をかけて、断られたり失敗することがあるかもしれません。でも、自分が考えたやり方で契約が取れたとしたら成功です。

小さな成功を目指し、小さな達成を積み重ねる。自分の中に成功体験を作り、報酬系を回しましょう。達成感が、次の仕事への意欲を引き出します。

自分で考えたことの方が、ただ教えられたことよりも記憶に残りやすい。そして成功体験により報酬系をまわす。この二つの繰り返しで、自らが成長していきます。自分の成長は、自分の脳が体験してきた記憶と経験によってつくられていくのです。

自分の中でもＰＤＣＡを回す

小さい成功をどんどん繰り返して大きい結果を得るためには、計画を立てて実行することが重要です。全体の流れをつかんでいないと、積み上げた成功が最終的に間違った方向に進んでしまっているかもしれません。
例えば、工場で製品の品質管理を行う時にはＰＤＣＡサイクルという手法がよく用いられています。
Plan（計画）：実績や予測による業務計画をつくる
Do（実行）：計画に従って業務を行う

Check（評価）：業務が計画に従って実施されているか確認する
Action（改善）：計画通りでない部分について再度実施する
P－D－C－Aが一周したら、また元のPlanに戻り、継続して業務を改善していきます。

PDCAサイクルが使えるのは工場だけではありません。

目標に向かって進んでいく行程ならよいわけですから、

私たち自身についてもPDCAの手法で改善させることができます。


例えば、ダイエットしたいとします。

「今は七七キロだが、一年後に標準体重の六五キロになりたい」と目標を立てます。マイナス一二キロの減量ですね。

なんとなく毎日を過ごしているだけでは絶対に達成できなさそうな値ですが、次のように考えてみたらどうでしょうか。

月ごとに割ってみましょう。一カ月に一キロ、これなら達成できそうです。

一グラムの脂肪のカロリーが七・二キロカロリーですから、一キロでは七二〇〇キロカロリー。

一日で二四〇キロカロリー減量すればいいわけです。

次に二四〇キロカロリー減らす方法を見直しましょう。

1．毎日食べているチョコレートをやめる。マイナス八〇キロカロリー

2．駅のエスカレーターを階段にする。マイナス八〇キロカロリー

3．ビールを我慢して、カロリーオフの発泡酒に。マイナス八〇キロカロリー

ここまで具体的な行動に落とし込めば、できそうな気がしてきましたね。後は計画に従って行動していくだけです。

頑張って階段を上り下りして、ビールやチョコレートを我慢して、一カ月が過ぎました。自分でも、なんだかベルトがゆるくなった気がします。これは続くかも！

でも、ここで気を抜いてはいけません。大切なのは、

本当に結果が出ているかどうかチェックする

ことなのです。ダイエットをしている時に体重計に乗ってみない人はいないと思います。

どのくらい減ったか楽しみで仕方がありません。

「五〇〇グラムしか減ってない……」

どこが悪かったんだろう。落ち込むよりも考え直しましょう。

そういえば、先月は付き合いで飲み会が多かったなあ。接待もあったよな。食べ過ぎ飲みすぎかな……。

よし、日曜日には自転車で出かけて、二時間は運動しよう。

とりあえず五〇〇グラムは減ったわけだから、今の努力も続けていこう。発泡酒にも慣れてきたかな。

P：体重を測り、目標までの必要カロリーを計算し、行動計画を立てる
D：計画に従って行動する
C：1カ月後、体重を測定する
A：計画通りの結果かどうか判定する。違っていれば新たに計画を立てる

ダイエットのような自分の行動にもPDCAを応用することが可能です。成長目標を作って短期行動に落とし込み、達成できたかどうかチェックします。できていないところ

があれば、どこが悪かったのか、どうすればできるのかをもう一度考え、計画を修正して新しくまた行動していきます。

できたところは、思いきって自分をほめましょう。「ごほうびシステム」である報酬系を働かせて、成功を気持ちいいことにしてしまいましょう。どんどん続けていきたくなるようにしましょう。

ダイエットでいえば、一カ月ごとに写真を撮って並べてみる。痩せていく様子が一目瞭然にわかります。

あるいは、毎日体重をグラフに記録していく。ダイエットが成功していれば、グラフは徐々に右肩下がりになっていくはずです。

一年くらい会っていなかった友達と会う約束をする。うまくいけば「痩せたね!」の言葉がもらえるかもしれません。

自分へのごほうびは、物だけではありません。視覚化された写真のイメージやグラフ、他人からのほめ言葉もとても大きな報酬になります。

ＰＤＣＡにほめる「報酬系」を組み込めば、自分を成長させる大きな原動力になります。

ダイエットのような短期的な計画だけではなく、自分の将来のような長期的な計画にもＰＤＣＡを活用しましょう。

五年後、あなたはどうなっていたいですか？

一〇年後はどうですか？

では、二〇年後はどうですか？

自分を成長させるといっても、さまざまな部分があります。

会社の一員としての自分。家庭人としての自分。息子としての自分。趣味の世界。運動能力。健康。

ひとつひとつが複合して自分を形成しています。

それぞれに小さな目標を作り、小さな達成を積み上げていくことが、自分を少し変えていきます。

自分の成長を「見える化」する

健康診断を受けると「血圧　145/90 mmHg」や「LDLコレステロール　145 mg/dl」という結果が返ってきて、基準値から大きく外れていれば「要受診」ということになります。

メンタル面での不調、「不安」や「うつ」は目に見えません。しかし、精神科医はそれを見える形で表わして、悪い点を改善させるように治療戦略を立てます。どうやって目に見えないものを測定し、変化させるのでしょうか？

それは、その人にとって困っていることを明確化する、「見える化」するということです。では、どのように見えない問題を見えるようにするのでしょうか。

精神科で行う問題の「見える化」は三つです。

1．対応可能なところまで分解する

2．客観的な値を使って測定する

3．時間の流れを考える

1．対応可能なところまで分解する

精神科の診察では、エコーやレントゲンを撮る代わりにたくさんの質問をします。

たとえば、「なんとなく不安なので」と病院に来られた方がおられるとします。

・いつから不安だと感じているのか

・普段と一番違うところはどこか

・原因となることは思い当たるか

・周囲とはどのような関係か、サポートはあるか

このような質問で、患者さんの悩みを細かく細かく分解していきます。

漠然と「なんとなく不安なんです」と言われる方でも、仕事で上司とうまくいかないのか、家族との間にストレスがあるのか、もしくは性格上何もかもが不安になって仕方がないのかでは全然違います。

「人間関係がうまくいかないんです」という方でしたら、まずその方がどのような人間

関係から成り立っているのか把握します。

会社、家族、実家、友達、趣味の集まり。

全員とうまくいかないのか、それとも特定の集団、特定の個人とうまくいかないのか。

いつからうまくいかないのか。

いつもうまくいかないのか、それとも会議のような特定の場面でうまくいかないのか。

ここまで分解してくれれば、かなり問題が明確になります。

妻との関係がうまくいかないという悩みも分解することが大切です。

「日曜にTVを見ていると、妻に『ゴロゴロしてるなら子どもと遊んでよ』と言われる。自分は疲れているのにと思って、イライラして喧嘩になる。日曜日だけですね。平日は大丈夫です。そうなったのは半年くらい前からでしょうか。そうだ昇進して係長になってからですね。それで最近、妻とうまくいっていないような気がします。これから結婚生活は長いし、自宅のローンも組んだばかりなのにと心配です」

2. 客観的な値を使って測定する

前項で悩みを絞り込みました。この悩みをさらに具体的にしていきましょう。

人の気持ちに点数をつけることなんてできそうもないと言われますが、分解すると、意外と一つずつの項目に関しては客観的な値で評価・点数化することができるのです。

例えば、「対人関係が苦手で、人前で話すとあがってしまう」という若い男性会社員がいるとします。

「人前で緊張する」というのを分解してみましょう。

誰の前で緊張する？ ―――― 知らない人／知っている人
何人の前で緊張する？ ――― 少人数／数十人／大勢
緊張する特定の相手は？ ― 目上の人／顧客／異性
どんな場面で緊張する？ ― プレゼンテーション／会合で意見を述べる／文章を読み上げる／パーティで挨拶する／食事会に出る

この男性は、次のような場面に対する不安があることがわかりました。

「役員が出席する会議で説明しろと言われると、あがってしまいます。皆の視線が自分に集まるような気がするんです」

どんなシーンで緊張するか絞り込んだところで、この不安緊張を点数化します。

不安は？（1～3点）――――――――――――軽度／中等度／高度
そういう場面を避ける頻度は（1～3点）―稀に／時々／ほとんどいつも

この二つを、不安緊張が起こる場面別に点数化して合計します。

これはリーボヴィッツという精神科医が開発した社会不安評価尺度という心理検査で、社交不安障害（Social Anxiety Disorder；SAD）という疾患を点数化するスケールです。

もっと簡単にするなら、おおまかに点数化してもいいのです。

「あなたが理想とするプレゼンが一〇〇点満点、大失敗が〇点とすると、昨日のプレゼンは何点でしたか？」

「六〇点くらいですね」

「あと四〇点は、どこに改善の余地があると思いますか？」

「声が小さくて、聞き返されてしまったんです。それを直せればいいなと」

3．時間の流れを考える

精神科における治療は、他の科に比べて長い時間がかかります。

よく言われるのは、「救急治療は分単位、外科治療は時間単位、内科治療は日単位」というものですが、精神科では月から年単位ということすらあります。

ですから、今日の前のことをすぐに解決するのではなく、一つずつもつれた糸を解きほぐすように、長期的に患者さんが良い方向に行くように考えながら治療していきます。

例えばサッカーでは突然シュートが決められるわけではありません。司令塔が全体を見ながら指示を出し、地道にパスをつないでアシストして、一分後や二分後にゴールにつながるような道筋を考えます。

精神科医も、分解した悩みをすべて一気に解決させるわけではなく、取り組みやすいところ、至急対処しなければならないところから順番をつけて治療していきます。

前項で悩みを点数化しました。時間が経過していくと、点数化のおかげでどのくらい治ったか見えるようになります。

見えないことは、改善されていてもなかなか自分では気づかない時もあります。

小さな傷ができた時、ある日突然治るわけではありません。少し傷が小さくなり、気づいた時には傷がなくなっています。

人間は、変化率が低いものには気づきにくいのです。親よりも一年ぶりに会う親戚の方が、子どもの成長に驚くのはそのせいです。

「あら、背が高くなったわね！」

親は毎日見ています。でも、他人は一年前の子どもと比較するので、変化がはっきり分かります。

自分の精神状態や、人間関係の悩みは、毎日自分が感じていることですから、自分にとってはなかなか見えにくい。そこで、点数化しておき、一週間ごと、一カ月ごと、一年ごとと定点観測していくのです。こうすると、改善度合がはっきり見えてきます。

「今の問題が改善したらこうなる」というゴールイメージを明確にしておくことが重要です。どうパスをつなげていったらいいか、それにはどのくらいの時間がかかるか。

ある人が「社長になりたい」という夢を持っているとします。

でも、ただ待っていても永遠になれません。どんな分野で起業したいのか、何のために社長になりたいのか、いつまでになりたいのか。

そのためには自分のどの部分を、どのくらい成長させる必要があるのか。

現代は非常に速いスピードで状況が変化していますから、目標そのものが変わることがあってもよいのです。それよりは時々刻々の変化に適応するために、柔軟でいることが大切です。時々刻々の変化に適応するために、柔軟に小さな目標を作って、少しずつ達成していく。日々の小さな成長を積み重ねることが、脳を成長させることにつながります。

いつも好奇心をもつ セルフダイバーシティで道を開く！

「自分は応用のきかない人間で……」と悩む四十代の会社員が私のクリニックを受診されたことがあります。学校を卒業して就職し、結婚して子どもができた。日々の業務に追われ、住宅ローンを背負い、会社と自宅を往復して特に趣味もない。そんな時、突然の世界的不景気で会社が身売りするという話が出てきた。早期退職制度に応募する同僚もいるし、次の会社で自分が今までと同じように働けるかどうかもわからない。不安になって眠れなくなったということでした。

私たちが働いて収入を稼ぐのは、動物でいえば餌を求める行動です。私は大学院でラットの研究をしていましたが、空腹のラットを迷路に入れると、餌を探してあちこち走りまわります。これを探索行動と呼んでいます。脳内でノルアドレナリンの分泌が高まると体を動かして餌を探す行動をとりはじめるのです。

ラットも一匹ごとにそれぞれ個性があります。疲れて動けなくなるまで走りまわるラット、怖がりで迷路の隅から出てこないラット、一定のところを往復し続けるラットといろいろです。しかし、大多数のラットは試行錯誤の結果、おおむね同じような探索行動をとります。

ラットにとって餌を探すという行動は生死を左右する非常に重要なことです。探し回ってエネルギーを使いすぎてもいけませんし、かといって動かなければ餌にありつけません。最小限のエネルギー消費で最大の餌を入手するために、最も合理的な行動を選択すると、どのラットの探索行動も似通ってくるのです。

しかし実験の迷路内では研究者が餌を毎回補充していますが、実際の環境では大多数のラットが同じ餌場に通い続ければすぐに餌はなくなってしまいます。ラットがたくさん集まる場所として、ラットを捕食する肉食動物が待ち伏せするようになるかもしれません。

ここでは同じ行動にしがみつく大多数のラットではなく「違う餌場を探す」という新しい行動を選択した異質なラットが生き残るということになります。

大多数とは違う行動をとることが生き残りの戦略上有利に働く

ということです。「大多数と同じ行動をとる」「大多数とは異質な行動をとる」という全く相反する二つの行動が生存のために必要なのです。

私たちが厳しい現代社会の中で生き残っていくためにはどうしたらいいのでしょうか？自分と家族のために毎日働いて収入を得ることは必要です。さらに社会生活上のコモンセンス、例えば仕事上の礼儀を欠かさない、必要に応じて親戚づきあいをする、時にはＰＴＡの役員を引き受けるなど、ある場面では自分にとって不利に働くのではないかと思われるような面倒なことでも「大多数と同じ行動をとる」という原則にのっとって動くことも求められます。

しかし何でも「周囲に合わせていればいいや」ということではありません。自分が見える小さな環境の中だけで生きていると、大きな変化についていけなくなってしまいます。

近年、企業の取り組みとしてダイバーシティマネジメントが脚光を浴びています。性別、年齢、国籍など多様な属性や価値・発想を認めて活かすことで、個人と組織にとってプラスの成長につながるという戦略です。ダイバーシティマネジメントはダイバーシティ（多様性）とインクルージョン（受容）が二本の柱になっています。

これまで企業や組織では、効率を追求するために同化を要求し、異質な存在を排除する傾向がありました。同じ価値観で同じように動く人がたくさんいる組織の方が、迅速に動くことができて生き残りやすかったからです。ところが今や時代の変化に適応するためには、多様な価値観の受容と能力発揮が組織の成長と売上向上に必要であると考えられるようになりました。

個人は社会的背景、志向性、ライフスタイル、性格、考え方などさまざまな点で異なっている。そのようなベクトルの違いを受け入れ、活かすことで新たな価値を創り出していこうとしているのです。

ひるがえって、われわれ個人の心の中はどうでしょうか。

「今までかくあるべしと思っていたけど、本当にこれが唯一の解決法なのか。他の選択肢はないだろうか?」という疑問をいつも考えておく必要があります。

自分の中に「小さな異質」を育てる。それを採用するかどうかは別ですが、どんな事象にも複数の考え方ができる人間になる。

診療の場面では、患者さんにあえて突拍子もないことをお聞きすることがあります。

先ほどの四十代会社員の方なら、転職する、そのまま残るという選択肢のほかに、例えば田舎に帰って親の家業を継ぐ、妻が働いていれば主夫になるという可能性はありませんか？　もしくは自分で起業するということもあるでしょう。もちろん実現するかどうかは置いておいて「いったん考えてみる」ということが大切なのです。

そのためには、いつも好奇心を持って生活することが重要です。仕事で会った相手、自分だったらあの仕事はできるだろうか？　雑誌で見たこの業界は面白いけど、自分の業態との違いはどこにあるんだろう？

考え方をあちこちに広げているうちに、やりたいことが見えてくる。そして次の選択肢を迫られるのではなく、自分で道を切り開いて進む覚悟が育ちます。

いつでも変化に適応できるように、自分の中に多様性を持つように心がける。複数の視点を持っている人間というのは幅広い考え方ができますから、相手をいったん受け止めることができるようになり、他人の意見にも寛容になります。

大きいもの、力の強いものが生き残るのではなく、変化に対応するものが生き残る、と

図 10：自分の中の Diversity

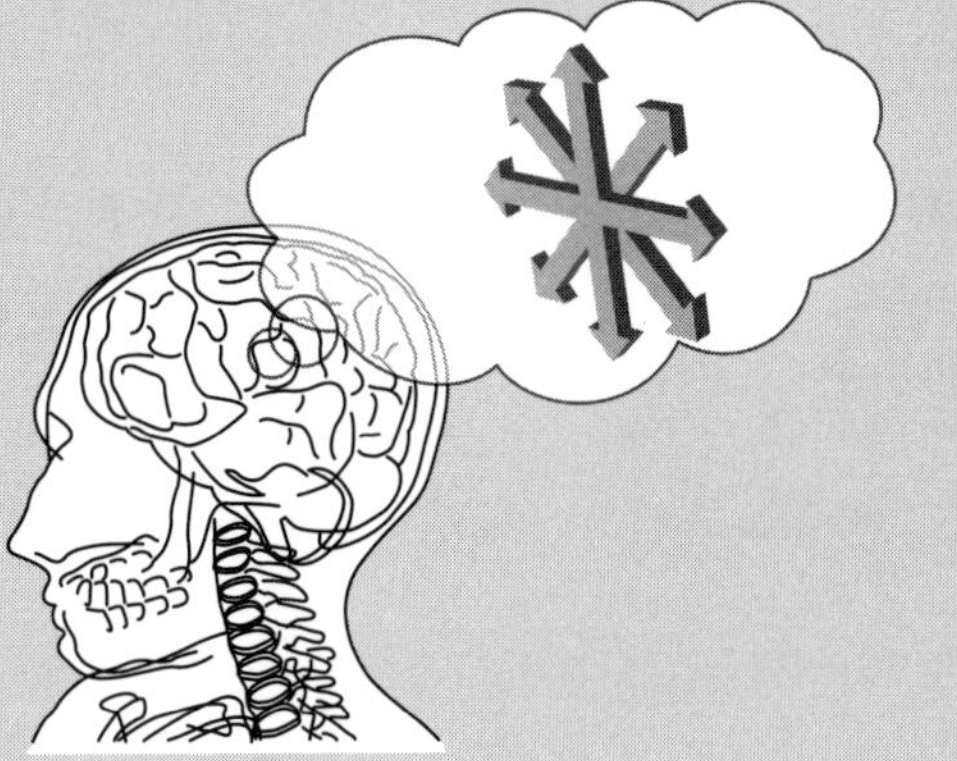

進化論の祖であるダーウィンは述べています。

時代の流れに迅速に、そして柔軟に適応するために、自分の中にもダイバーシティをもつことが必要です。セルフダイバーシティを育てましょう。図10

行動習慣 6

「脳が成長する人」はよく寝ている

睡眠はヒューマンエラーを防ぐ

今やメールなしでは仕事にならないというくらいインターネットが普及しました。毎日、重要案件のメールを何人もの相手に送付して、着信メールをチェックして、またその返事を書いて、その間に部長から「あの件どうなってる！」とお叱りの社内メール。

ある調査によれば、一日当たり世界で送信されるメールは一五三〇億通にのぼり、マイクロソフト社のビル・ゲイツ会長には一日五〇〇万通のメールが来るそうです。

いつも明晰な頭で仕事をこなしていればいいのですが、締切のある業務をいくつも抱えて焦っている時や、くたくたに疲れて眠い深夜にメールを作成することもあるでしょう。そんな時、ついブラインドカーボンコピー（Bcc）を忘れて複数の取引先に一斉送信してしまったら？　重要な書類を間違った相手に添付して送付してしまったら？　やってしまった！　ではすみません。

人間はミスをする生き物です。どんな注意深い人でも、疲労や不安で集中力が低下しているときにいつもなら起こさないような間違いをすることがあります。これをヒューマンエラーと呼び、現代の大事故の七―八割はヒューマンエラーが招いたものだといわれています。

「気持ちがたるんでるからそんなミスをするんだ！」と部下を叱るのも大切ですが、なるべくなら未然に事故を防ぎたいものです。集中力を保つにはどうしたらいいのでしょうか？

ヒューマンエラーを起こす原因として非常に大きいのが眠気です。

日本大学の内山真教授の報告によれば、日本全体における眠気による経済損失は一年で三兆四六九三億円にものぼります。作業効率の低下、欠勤・遅刻・早退による給与損失、そして交通事故によるものです。図11

「たかが眠気、睡眠不足くらい気合で乗り切れ」と思う方も多いかもしれませんが、眠気が大事故につながることはこれまでの歴史上で示されています。有名なアメリカのスリーマイル島原子力発電事故は午前四時に発生しました。

図 11：日本国内における眠気による経済損失は３兆 4693 億円！

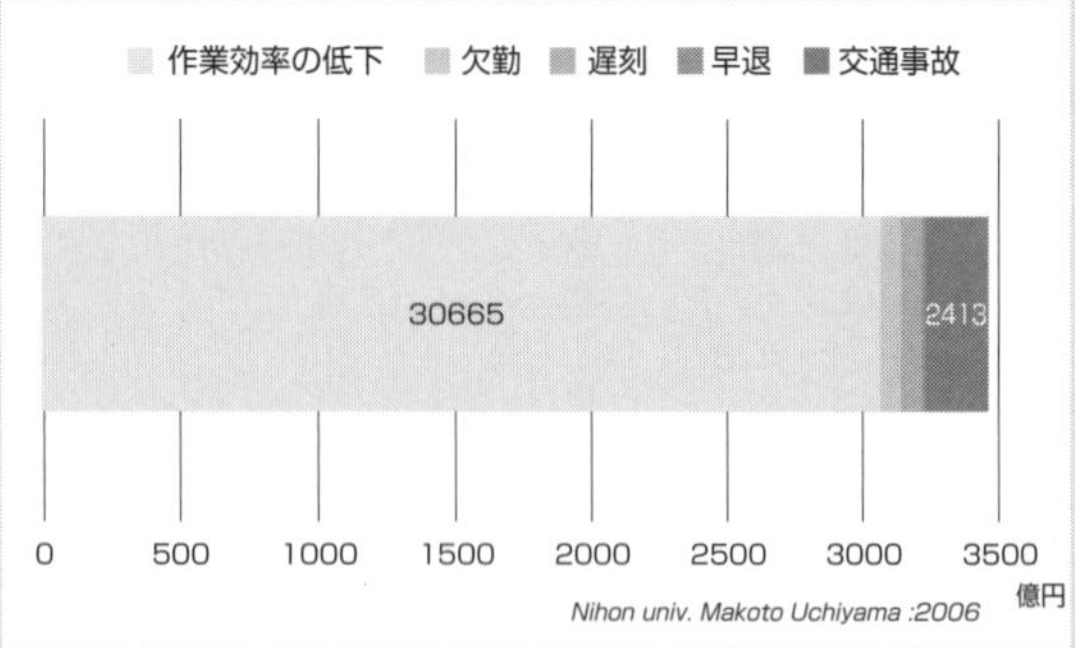

図 12：睡眠不足がもたらした事故

同様にソ連のチェルノブイリ原子力発電事故、インドのボパール化学工場事故、スペースチャレンジャー号爆発事故、エクソンバリデス号タンカー座礁による原油流出事故など世界的に大きな影響を与えた事故の多くが深夜の作業中に起こっており、睡眠不足がもたらしたヒューマンエラーであるということがわかっています。図12

日本でも、新幹線の運転士の居眠り運転によりあやうく大事故になりかけた事件が大きく報道されました。

人間の眠気はどのように増加するのでしょうか。眠気は、次の二つの要因で規定されます。

1. 起き続けている時間
2. 生体リズム

起き続けている時間が長いほど脳が疲労し、眠気が蓄積していきます。睡眠時間を制限して作業する実験では、睡眠時間の短さに比例して作業の見落としが増加します。それは、ちょうどアルコールを摂取した時のようなものです。今や飲酒運転をする人はいないと思いますが、寝不足で運転するのは飲酒運転と同じくらい危険なのです。

ドーソンの調査によれば、目覚めてから一二時間以上経過すると覚醒持続時間に比例してパフォーマンスが低下します。目覚めてから一八時間後には、日本の酒酔い運転の基準である血中アルコール濃度〇・〇五％の時と同等までパフォーマンスが低下してしまいます。六時に起床した人なら深夜〇時、飲酒運転なら一発で免停になってしまうような集中力で運転しているということです。図13

睡眠不足が長時間続くと、脳はなんとか眠ろうとしてごく短時間の睡眠を勝手に発生させてしまいます。これはマイクロスリープと呼ばれており、短いものでは数秒程度で、本人は気づいていません。

パソコン作業や会議中にうとうとするのは周囲が眉をひそめるくらいで済みますが、運転中にマイクロスリープが起きたら事故につながりかねません。

眠気に影響を与えるもう一つの要因は、私たちの体が持っている固有のリズムです。これは生体リズムと呼ばれています。

図 13：睡眠不足の注意力は飲酒運転と同じ

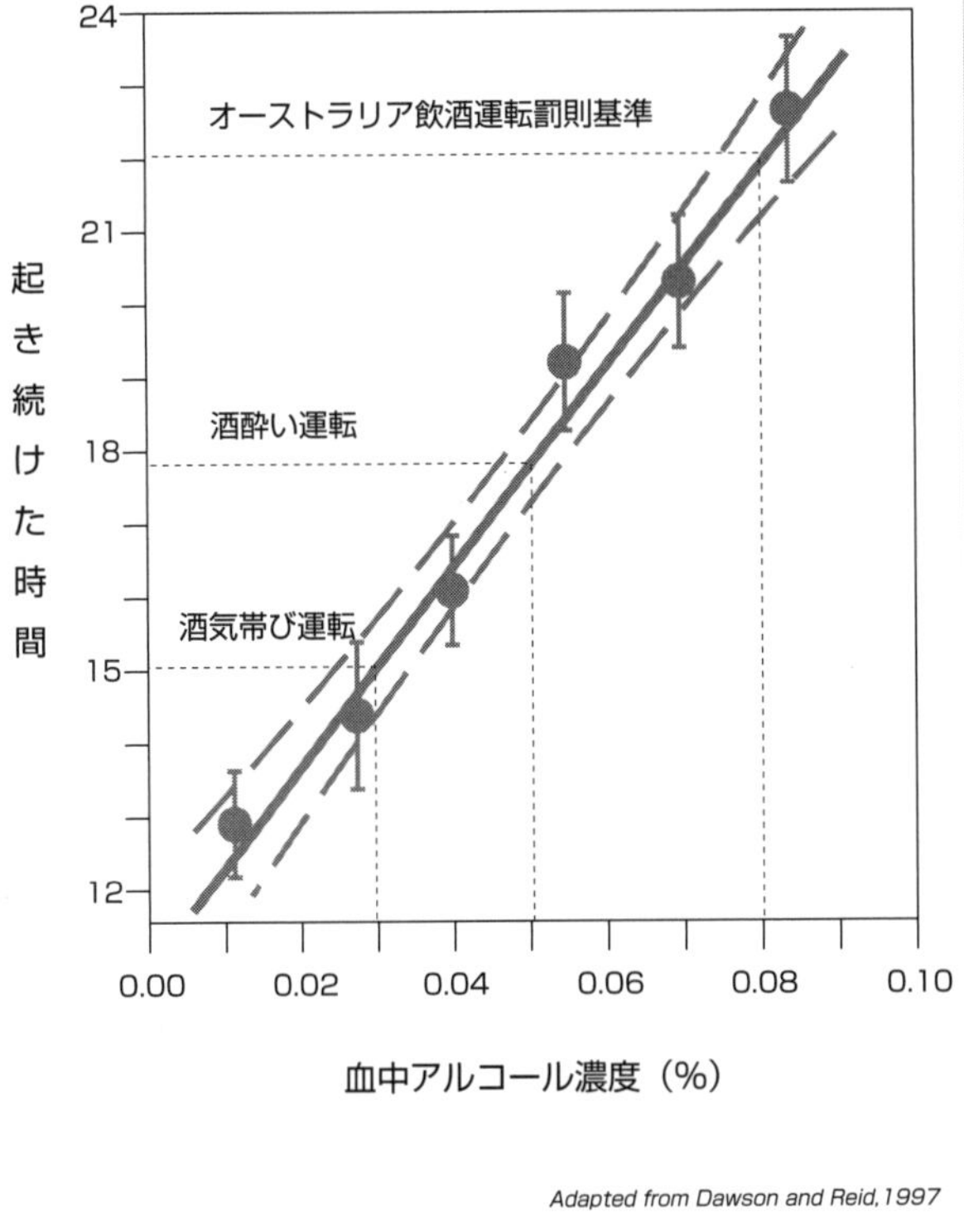

皆さんも、午後二時頃に眠気を感じることがありませんか？　お昼に食べた定食で空腹が満たされて、午後の会議で眠たくなってしまい、プレゼンを聞きながらついうとうとしている人もいると思います。

これは、お昼ごはんでお腹がいっぱいになったから眠たくなっているだけではありません。研究によれば、昼食の時間を早めたり、昼食を抜いてもやはり同時刻に眠気を感じることが分かっているからです。人間には午後二時ごろがピークとなるような眠気のリズムがあり、この眠気は生体リズムによるものです。

スペインやイタリアなどヨーロッパではこの眠気が起こる午後の時間帯は昼寝をして過ごす習慣があり、シェスタと呼ばれています。商店街もシェスタ中は閉まってしまう国もあり、訳が分からずに街でうろうろしているのは観光客だけということもあるとか。生体リズムに逆らわないための生活の知恵といえるでしょう。

睡眠不足と生体リズム。眠気を起こすこの二つを理解した上で、眠気を制するにはどうしたらいいのでしょうか。

まずは睡眠不足を防ぐために十分睡眠をとりましょう。

重要な会議やプレゼンの前日は準備で徹夜してふらふらということが多いかもしれませんが、それでは睡眠不足で集中力が低下し、とっさの判断を迫られたときに大きなミスにつながる可能性が高くなります。せっかく時間と労力を費やして準備してきたのに、当日のパフォーマンス低下で十分な結果が残せないともったいないですね。

かくいう私も、学会の前日に徹夜で発表原稿を仕上げ、当日何とか発表できた……と思ったら、外国の研究者から質問された瞬間に英語が出てこなくなって非常に困ったことがあります。

「良い仕事をするには、睡眠をとるのも準備のうち」と考えましょう。

もう一つの要因である生体リズムは自然に生じるもので、完全になくすことはできません。しかし、「睡眠不足による眠気」＋「生体リズムによる眠気」＝「人間が感じる眠気」ですから、睡眠不足をなるべく防ぐことで、午後の眠気を低下させることは可能です。

それでもどうしても眠い場合は、短時間の仮眠をとりましょう。先ほど述べたマイクロスリープと同じで、

短い時間でも睡眠をとると脳の覚醒度が上がることが分かっています。

昼休みに一五分寝るというのが理想的ですが、無理ならトイレで三分でもいいのです。その後顔を洗ってすっきりオフィスに戻りましょう。

風邪をひいたらよく寝る

夕方になってくしゃみ、鼻水が出現。そういえばのども痛いような気がする。

「まずい、風邪っぽい。明日は最終プレゼンなのに！」

こういう時、なるべく早く風邪を治すにはどうしたらいいでしょうか？

風邪薬を飲む？　鼻水やのどの痛みなどの症状を抑えるためには効果があるかもしれませんね。ただし「風邪症候群」と呼ばれる病気の八〇％以上はウイルス感染によるものであり、ウイルスをやっつけてくれる風邪薬は今のところありません。

私も年に一度くらい風邪を引くことがあります。ビジネスパーソンの方が大事な会議の日に休めないように、患者さんがクリニックにお越しになると思うと診察を休むわけにはいきません。「風邪をひいたかもしれないな」と感じたらすぐにモードを切り替え、なるべく早く風邪を治すように心がけています。その方法をお教えしましょう。

それは、「いつもより早めに寝ること」です。

子どもの頃に風邪をひいた時、「夜更かしせずに、今日はあったかくしてはやく寝なさい」と言われたことはありませんか？　熱が上がってぼーっとしてきて、布団にもぐりこんでうつらうつらしていると、知らない間に寝て汗をかいて、翌朝には熱も下がってすっきり目が覚めています。

なぜ、風邪をひくと眠くなるのでしょうか？　実は、私たちの身体にとってウィルスと戦うために睡眠が必要なのです。

ウイルスや細菌が体内に侵入すると、私たちの体内では見張り役である白血球、特にマクロファージが侵入を認識して攻撃を開始します。自分でないものを体内から排除しようとするシステム、これが免疫システムです。

マクロファージを活性化させて速やかにウイルスや細菌を体から追い出すための二つの

経路、この両方に睡眠が深く関わっているのです。

マクロファージはインターロイキン1というサイトカイン（細胞から情報を伝達する物質）を分泌します。インターロイキン1は脳内の視床下部に運ばれ、プロスタグランジンD2、E2という生理活性物質の産生を促進します。

プロスタグランジンD2は、一九八二年に大阪バイオサイエンス研究所の早石修先生が発見された物質で、睡眠を誘発する作用を持っています。つまり、ウイルスが体に侵入すると、私たちの体は自然と眠くなるようなシステムになっています。

もうひとつのプロスタグランジンE2には発熱作用があります。ウイルスと戦うマクロファージは平熱より高い温度の方が活動しやすいため、脳がウイルス感染を認識すると、温度設定を上げて体温を数度高い状態にしようとします。この設定を切り替えるスイッチは脳の視床下部に存在しています。ちょうど、室温を上げるスイッチをビルの中央管理室で切り替えるようなものです。

視床下部が体温のセットポイントを三六度から三八度に切り替えると、温度を上げるために全身の筋肉を震えさせて発熱させます。この時無理に動いているよりも、横になって眠り、エネルギーを節約してウイルスや細菌と戦うことに集中した方が効率がいいのです。

風邪のウイルスが体内に侵入したとき、私たちはすぐに気づきません。しかし、脳は白血球からすばやく情報を受け取り、感染拡大を防ぐべく免疫システムを稼働させます。その防御システムを支えるのが睡眠なのです。

風邪にかかったかな？　と思ったら、無理せずに早めに帰宅し、睡眠を十分取って免疫を高めましょう。

激務と言われる医療の世界で、突然「今日風邪で休みます」という医師がほとんどいないのは、なかなか睡眠時間がとれない中でも上手にコントロールをとっているからです。

私も外来診療を始めて以来、風邪で休んだことはありません。

短時間睡眠は可能か？

睡眠時間が短い状態、睡眠不足が長く続くとどうなるでしょうか？　徹夜すると妙に頭が冴えてハイな気分になったという方もあるかもしれません。しかし、その徹夜が一週間続くとしたら?

睡眠をとらせないようにして無理に起こしておく状態を「断眠」といいます。ラットによる断眠実験では、初めの頃は食欲増加が見られました。その後体温低下と体重減少が起こり、脱毛が出現し、徐々に衰弱してうまく動けない状態になります。胃からの出血、肺や気管支からの障害も生じ、一〇―二〇日後には死亡してしまいました。生後二―四カ月の子犬を用いた断眠実験でも脳出血が起こり同様に三―六日で死亡しています。図14

寝なかったら死んでしまう! こんな実験、ヒトではとてもできませんね。ところが、その無謀な実験にチャレンジした人がいるのです。

アメリカのランディ・ガードナーという十七歳の高校生は、一九六四年のクリスマス休暇に自由研究としてギネスブックの不眠記録に挑みました。親友二人が付き添い、睡眠の研究者も三人立ち会ってランディ君の状態を記録しました。

その結果、睡眠をとらない状況が続くと視力の低下から始まり、次第に気分の落ち込みやイライラ、運動機能の低下、思考力・集中力・記憶の低下が見られました。四日目には「信号が人に見える」と幻覚が見えたり、「自分は人に嫌われている」と被害妄想が出現しました。九―一一日目には左右の眼球がバラバラに動き、指が震え、言葉が減って無表情

図 14：寝ないとどうなる？ 生命には睡眠が必要！

ネズミ
5日間の断眠実験を行うと
食欲増加にも関わらず
体重減少、体温低下
脳細胞が破壊され死亡に至る

イヌ
4—6日間の断眠にて
体温低下
脳血管からの
出血により死亡

になってしまいました。

ランディ君は二六四時間一二分、一一日と一二分断眠実験を続けて当時のギネス記録を更新し、実験が終わった晩は一四時間眠り、起きたときは正常に戻って普段通り高校に登校したということです。

これらの実験から、「睡眠が脳を守り、体を支えている」ということがわかりました。睡眠をとらずに活動しつづけることは、人間にとっても生命の危険を招くのですね。

では、このような極端な睡眠不足ではなく、一日数時間程度の睡眠不足が続くとどうなるのでしょうか？　本当は七時間寝たいんだけど、残業や通勤の都合もあるから五時間しか寝られないという方も多いと思います。

結論からいえば、

多くの人にとって睡眠不足は全くお勧めできません。

日本人一一万人以上を対象にした睡眠時間と寿命の調査があります。その結果、一日に六時間半から七時間半の睡眠をとっている人が最も死亡率が低いとのデータが示されました。四時間しか睡眠をとらない人は相対危険死亡率が一・六倍高くなってしまうということもわかっています。

その後さまざまな研究から、

睡眠が不足した状態が慢性的に続くと、肥満、糖尿病、高脂血症、高血圧といった生活習慣病が悪化する

ことがわかってきました。「でも、体質的に短時間睡眠の人もいると聞いたのですが」という質問を受けることがあります。確かにショートスリーパーという一日四時間以内の睡眠が体質的に合っている人もいますし、逆に一日一〇時間以上の睡眠を必要とするロングスリーパーの人もいます。しかし、このような特殊な群は人口のうち数パーセントであり、生まれつきの体質であることが多いのです。成人してからの訓練で短時間睡眠者になれるわけではありません。

ナポレオンは一日三時間睡眠であったとして有名ですが、彼は後年体調不良に苦しみ五十一歳で死去しており、やはり睡眠不足は健康に良くなかったのかもしれません。

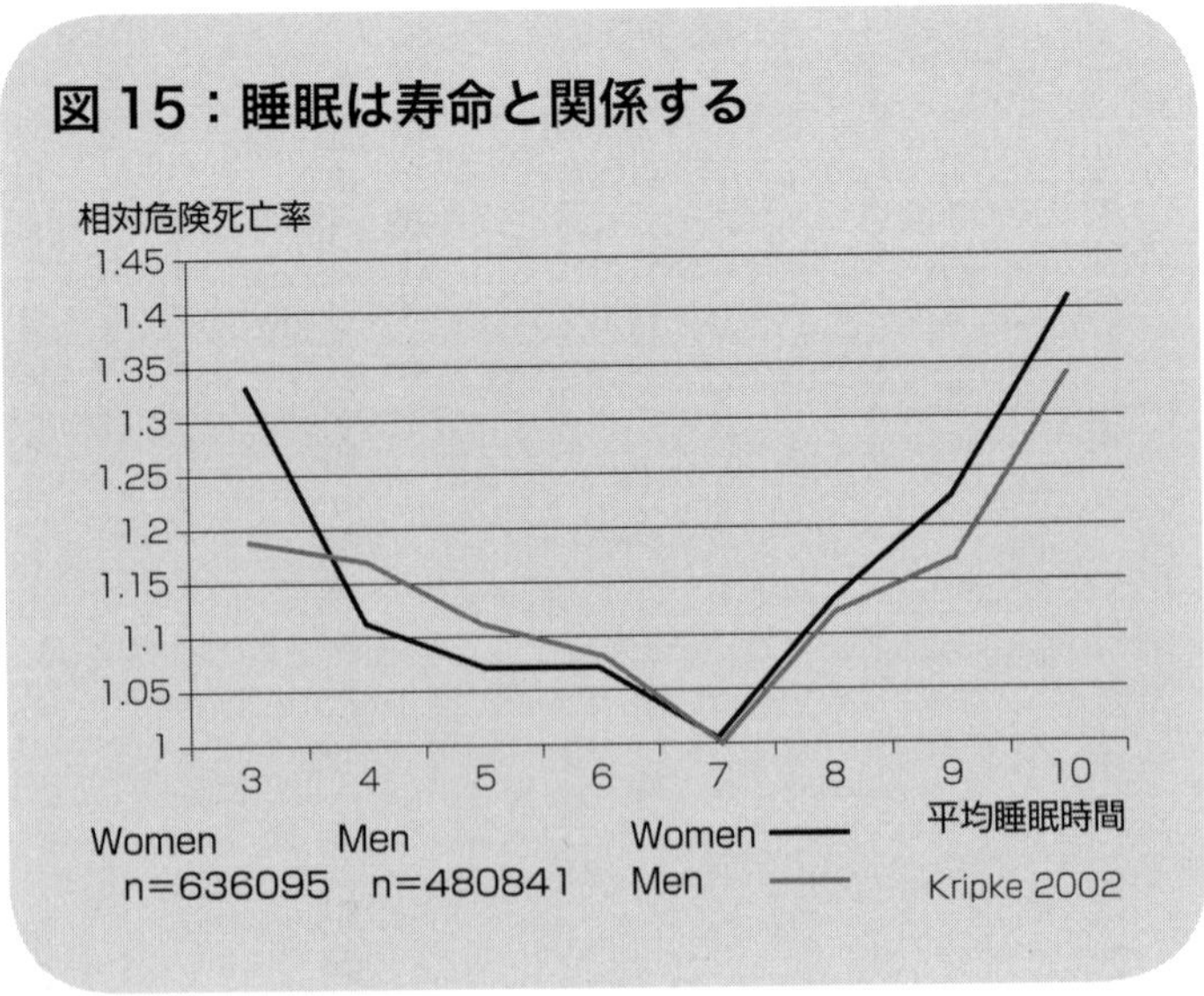

先ほどの睡眠時間と寿命の研究では、逆に長時間の睡眠も寿命を縮めるという点も挙げられています。一日六時間半から七時間半の睡眠を取る人が最も寿命が長く、それより睡眠時間が短くても長くても死亡率が高まるということが示されています。一〇時間以上睡眠をとる人は相対危険死亡率が一・八倍高くなってしまうのです。カリフォルニアで一一〇万人を対象に行われた同様の調査によれば、一日一〇時間眠る人は心筋梗塞を起こす確率が二倍高まると報告されています。

短すぎる睡眠も、長すぎる睡眠も、どちらも脳にとってはダメージが大きいのです。何事も、ほどほどが重要と

いうことですね。図15

自分にとって適切な睡眠時間を知るにはどのようにしたらいいのでしょうか？　私のクリニックでは「小中学生の時に何時間寝ていましたか」とお聞きしています。だいたい皆さん七―八時間というところでしょうか。それが、その人にとって本来必要な睡眠時間です。社会人になるとなかなかそれだけの時間眠るのは難しいかもしれませんが、頭の片隅に留めておいていただけると幸いです。

日々の生活の中で自分に合った睡眠時間をキープすることは、ダイエットと同じくらい、健康な寿命を保つのに必要なことです。

夜のコンビニには要注意

遅くまで残業した帰り、駅までの道を歩いていると、そこにはキラキラ輝くコンビニエンスストアの明かり。ちょっと中をのぞくだけのつもりで入り、ついつい漫画雑誌を立ち読みしたり、新製品のビールやお菓子を買ってしまう……ということはありませんか？

必要のあるときだけ入店して、買物を終えたらさっと帰宅する。そういう人は問題ありませんが、毎日寄る習慣がついている、雑誌を何冊も立ち読みして長時間過ごすような場合は問題です。コンビニの照明が睡眠の妨げとなってしまうのです。

人間は昼行性の生活サイクルを持つ動物ですので、朝目が覚めて日中活動し、夜間に睡眠をとります。このリズムを調整しているのが光です。光が網膜に入り、視神経から脳内視床下部の視交叉上核、さらにはメラトニンを合成する松果体に情報が伝達されます。

朝の光を浴びてから一四―一六時間後、夜間になると松果体からメラトニンが活発に分泌されます。このメラトニンは睡眠物質であり、脳内で強力な睡眠作用をもたらし、眠気を生じさせます。

朝の日光を浴びて目覚め、日中は十分な太陽光の下で活動し、日没と共に眠る。人間の体は自然な状態で生活するようにできています。しかし電気が発明されたために、人間は夜間も行動するようになりました。その結果、夜間に強い光を浴びると、脳が「今は朝だ」と判断してしまい、メラトニンの分泌を抑制してしまいます。

コンビニの照度は約一五〇〇―二〇〇〇ルクス、これは一般家庭の照明の二倍以上です。このような強い光を浴びると脳は覚醒して活動しようとし、メラトニン分泌が抑制され、寝つきが悪くなるというわけです。

日常生活の中で高い照度をもつのはコンビニだけではありません。パソコンやＴＶのディスプレイにも要注意です。これらも一〇〇〇―一五〇〇ルクスありますので、夜間に長時間作業をしたりＴＶを見ていると入眠に影響します。

眠る二時間前からは強い光に当たることを避けるのがスムーズな入眠のコツです。

「新入社員が遅刻ばかりしている。やる気が足りないんじゃないか」と上司からクリニックに紹介されてくることがよくあります。診察室で話を聞いてみると、就職して一人暮らしをはじめて毎晩コンビニに寄っていたり、学生時代の癖が抜けず深夜遅くまでゲームをしていることが少なくありません。「睡眠障害」と病名をつけるほどでもなく、社会人としての自覚を持って生活習慣を見直すとパフォーマンスがぐっと向上するのです。診療をしていて思うことですが、特に若い世代の仕事でのパフォーマンスはライフスタイルの指導でかなり改善すると思います。

では、朝から脳をスムーズに活動させるためにはどうしたらよいでしょうか。強い光は脳を覚醒させ、間脳の視床下部にある体内時計をリセットします。視床下部から脳と体全体に指令が伝達され、体温や血圧が上昇し、活動の準備が整います。

朝に強い光を浴びる、つまり日光を取り入れるのが最も手軽です。曇り空の屋外でも一万ルクスあり、体内時計をリセットしてメラトニンを蓄えるには十分な照度です。三〇分以上日光に当たるとよいでしょう。

通勤電車の中ではなるべく東側のドアのそばに立ってみる、地下街ではなく屋外の経路を利用して通勤するなどを心がけてみましょう。もちろん、日焼けにはご注意を。

日曜日も普段と同じ時間に起きる

ウィークデイの朝七時、たいていの会社員は起床していて出勤する準備をしたり、新聞を読んだり、朝食をとっているのではないでしょうか？　それに比べて休日の朝七時は子どもに「遊ぼうよ」と揺さぶられても、せっかくの日曜だからもう少し眠っていたいというお父さんも多いでしょう。

先ほどのＮＨＫが行った国民生活時間調査は、平日・土曜・日曜と分けて睡眠時間を調べています。平日の睡眠時間は七時間二二分、土曜は七時間四七分、日曜は八時間一四分と、仕事がある平日に比べて日曜は一時間近く睡眠時間が長くなっています。

起床時刻はどうでしょうか。平日の朝七時に眠っている人は一七・三％、八割以上の人が起きています。ところが、日曜になると同じ時間になんと四〇・九％の人が眠っており、起きている人は六割に届きません。八割以上の人が起きてくるのはようやく八時半を回ってからです。

なぜ、多くの人が休日になると朝寝坊するのでしょうか。それは平日に睡眠時間が短く、睡眠不足を感じているからです。さらに、休みの前の日はまとめて仕事を片づけておいたり、友達と飲みに行ったり、遅くまでTVを見たりと寝る時間が遅くなりがちです。私たちは脳で「明日は日曜だから朝は寝ていてもいい」と判断して寝ますから、十分な睡眠時間を取ろうとして起きる時間が遅くなってしまうのです。

日曜の朝ゆっくり寝て、目覚まし時計に起こされずに自然に起きたときに平日より二時間以上多く睡眠をとっていた場合、それは平日の睡眠時間が不足している「睡眠不足症候群」かも知れません。「睡眠不足症候群」というのは国際基準で定められているれっきとした病名で、現代日本人の多くがこれに悩まされていると思われます。

「睡眠不足は寝ダメしてでも解消した方がいいって聞いたけど、どうですか?」このような質問をよく聞かれます。睡眠時間は借金と同じようなもので、不足すると埋め合わせるために脳が長い時間眠ろうとします。しかし睡眠については、借金返済はできても貯金はできません。「今週は忙しくて睡眠時間が短くなるから、先手を打って日曜に二〇時間寝ておこう」というわけにはいかないのです。

では、休日に遅くまで寝ていると睡眠にどのような影響を及ぼすのでしょう。昼前に起きた瞬間は、睡眠が充足して非常に気持ちいいと感じます。遅いブランチを食べて、午後から子どもと公園でサッカーをしたりと楽しい休日です。ところが、日曜の夜寝ようとした時に、寝つきにくいと感じることはないでしょうか。月曜の朝になると頭痛がする、食欲がない、体がだるい。出勤がおっくうだと感じる方も多いと思います。

「月曜の朝、布団を出て会社に行くまでが難行苦行なんですよ。行ってしまえばバリバリ仕事ができるんですけどね」という三十代営業職の方がクリニックに来院されたことがあります。平日は夜遅くまで客先を回り、休日は「睡眠不足を解消しよう」と昼まで寝ているとのことでした。

人間の脳は、睡眠時間の短い状態が続くとそれを補うために長く寝ようとしますから、平日の睡眠不足を休日に解消することはある意味では正しい行動です。しかし、その際に起床時刻を遅くすることはお勧めできません。私たちの行動を調節している生体リズムが狂ってしまうからです。

精巧なからくり時計は決められた時間になるとハトが出てきたり人形が踊ったりしますね。人間の身体でも、同じように体内にある時計がいろいろな臓器をリズムに合わせて活動させています。朝一番にトイレに行きたくなったり、お昼になると自然に「おなかがすいたなあ」と思ったり、夜の同じ時刻に眠くなったりするのは、脳にある生体時計が「今はこの行動をする時間ですよ」と胃や膀胱に指令を送っているのです。

私たちの脳の視床下部には時計として機能する部分が存在し、体が受け取るさまざまな手がかりをもとにリズムを組み立て、体を動かしています。これは生体時計と呼ばれ、いわばオーケストラの指揮者のようなものです。

私たちの脳にある生体時計は、約二五時間の周期で動いている

ことが分かっています。ですから、二四時間の周期で自転している地球上で生活すると、そのままでは寝るのも起きるのも毎日一時間ずつずれていってしまいます。

自動巻きの腕時計は、時報を聞いて時々合わせてやらないと一日に数秒ずつ遅れていきますよね。同じように、脳の生体時計も毎日調整する必要があります。生体時計が時報のようにリズム調節の手がかりとしている条件を「同調因子」といいます。

人間にとって最大の同調因子は「光」です。光を浴びることで生体時計のリズムが調整されます。これは数千年前に人類が洞窟に住んでいた頃、太陽が昇ったら朝で沈んだら夜という手がかりで生活していたことと関係しています。

朝、両眼から光刺激を情報として脳に取り入れることによって生体時計をリセットし、二四時間のリズムで体が動くように調整しているのです。その他にも食事、他人との会話など生活で起こるさまざまな脳への刺激が同調因子として働きます。

生体時計によるリズムにより、起床前にストレスに対抗するホルモンであるステロイドホルモンが分泌され、血圧や体温を上昇させて交感神経系を高めます。いわば「戦いへの準備をする」というわけです。夜になって暗くなると交感神経系は弱まり、リラックスさせる副交感神経系優位に切り替わります。

では日曜の朝、十時まで寝ているとどうなるでしょうか？　起きた瞬間は睡眠が十分とれて非常に気持ちがいいでしょう。しかし、十時に光を浴びた脳はその時間を起床時刻にセットしてしまいます。「明日からも昼に起きていいんだな」と思ってしまうわけです。

さらに睡眠を誘発するホルモンであるメラトニンは朝の光を浴びてから約一五時間後に分泌されますから、遅く起きた日は当然眠くなる時刻も遅くなってしまいます。

そうすると月曜の朝は、脳としてはまだ目覚め切っていない時間に起きなければなりません。ストレスホルモンも十分に分泌されていませんから、低血圧の状態でなんだか頭がぼーっとした感じになり、生あくびが出る。集中力もなかなか出てこない。寝不足のまま無理やり出勤することになってしまい、これでは辛いのも当然です。

先ほどの営業マンには、「土曜日の晩ＴＶやパソコンで夜更かしせずに少し早めに寝て、日曜の朝は普段と同じ時間に起きてください」とお話ししました。それでも睡眠不足なら、昼の三時までを目安に三〇分程度の昼寝をするのも効果的です。

普段から十分な睡眠時間を確保するのが本筋ですが、多忙な現代社会ではそうとばかりも言っていられません。光を使って上手に自分の生体時計をコントロールし、なるべくリズムを乱さないように睡眠をとりましょう。

夜の魔物に気をつけよう

昨日の夜十時、何をしていましたか？

睡眠に関する講演をする時、私はよくこの質問をします。

「明日の会議に使う資料を作成していた」「家でＴＶを見ながら一杯」「子どもの体操服にアイロンをかけていた」……などなど、いろいろな答えが返ってきます。私は小学校のＰＴＡから企業の役員会議までさまざまなところでお話していますが、多くの方の行動にはある共通点があります。それは何でしょう？

正解は、「寝ている人がほとんどいない」ということです。

あたりまえだよ、と思われたでしょうか？　夜十時といえば、通勤電車に揺られてようやく家に帰りついた頃。接待が入っていればまだ仕事モードの方も多いかもしれませんね。

しかし、四〇年前にタイムスリップしてみましょう。一九六〇年代、戦後の混乱・復興期から日本は高度経済成長の時期に入る頃です。道路が砂利道からアスファルト舗装に変わり、三輪オートが走りまわっていました。若い世代は映画「三丁目の夕日」の世界を想像していただくといいかも知れません。私もその頃小学生でしたが、夕ごはんは家族揃って夜六時、宿題をしてお風呂に入って、夜九時には家中の明かりを消してお休みなさい。そんな生活だったのを覚えています。カラーテレビの本放送が開始したのが一九六〇年、庶民にとってはまだまだ高嶺の花でした。

ＮＨＫが行った「国民生活時間調査」によれば、一九六〇年には日本人の七〇％弱が夜

図16：日本人の睡眠時間の短縮化と夜型化の時代変遷

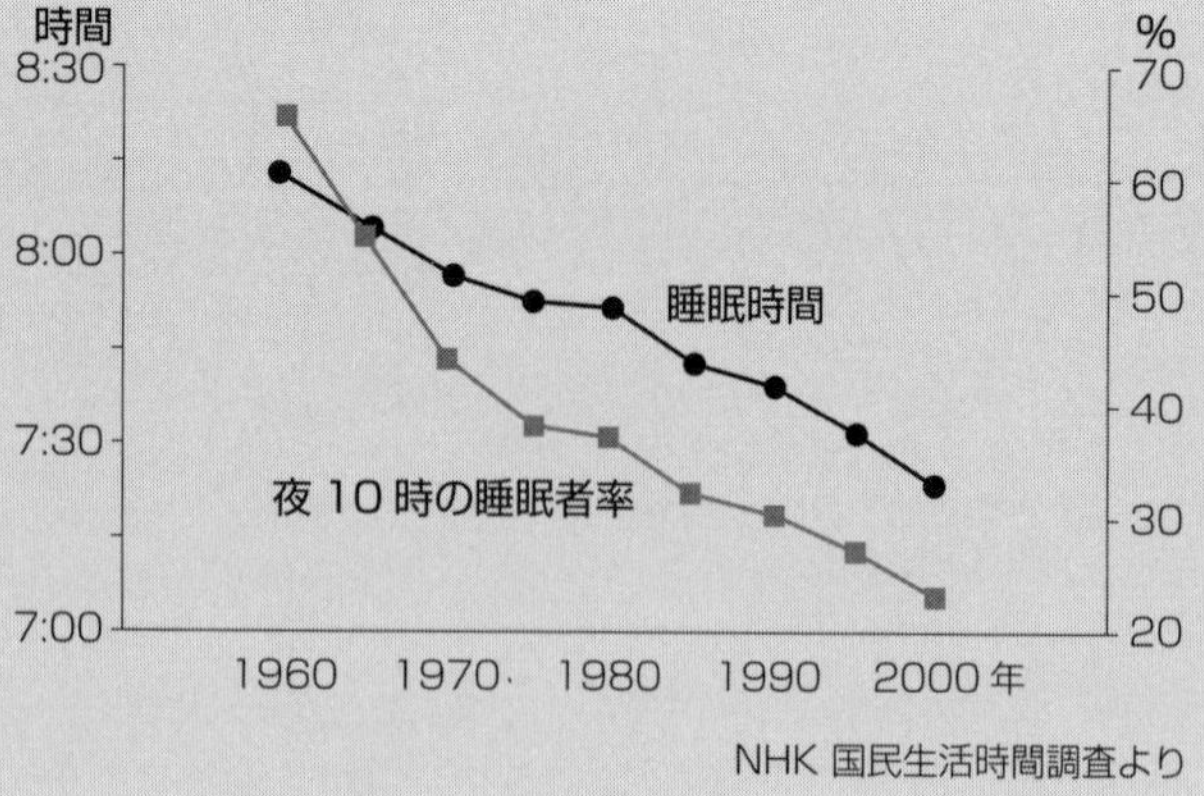

十時には就寝していました。夜十時に就寝する人が半数を切るのは一九七〇年代に入ってからです。どんどん時代は加速していき、二〇〇五年の最新データでは十時に就寝している人は一三％しかいません。遅くまで残業し、電車を乗りついで帰り、家でほっとしてTVニュースやインターネット、気づくと寝るのは一時過ぎ。こんな生活の方が多いのではないでしょうか？

図16

　日本人の生活が夜型化している例として、TV番組の「3年B組金八先生」を見てみましょう。武田鉄矢さんが演じる熱血教師金八先生と生徒たちのドラマが人気を博し、約三〇年にわたって放映されています。このドラマの放送開始が一九七九年、金曜夜八時の番組なので「金八先生」ですね。その後、一九八八年の放送では月曜夜九時スタートの枠に引越しています。二〇〇四年にはとうとう金曜夜十時からになりました。

ドラマの内容も、最初の頃の受験戦争、非行などから援助交際、モンスターペアレント、学校裏サイトと時代の変遷に合わせて大きく変化していますが、金八先生のドラマを見ているのは「子どもの教育に関心がある保護者、あるいは子ども自身」ということで変わっていないと思われます。この三〇年で私たち日本人の生活時間は子どもも含めて約二時間遅くなっている、つまり夜型化しているということです。

遅くまでの接待や打ち上げで就寝時刻が遅くなっても会社の始業時間が遅くなるわけではありませんから、起床時刻は変わりません。その結果、睡眠時間は年々短くなっています。先ほどのＮＨＫの調査によれば、この四〇年で日本人の睡眠時間は約一時間以上短縮しており、二〇〇五年の男性三十―五十代の睡眠時間は一日約七時間とのことです。

ところが多忙なビジネスパーソンの方と話していると、七時間どころか、五時間も寝ていないということがしばしばあります。

「帰宅は何時ですか？」

「二十二時に会社を出て、家にたどり着くのが二十三時過ぎというところですね。日付をまたぐこともしょっちゅうですけどね」

「それだと、帰ったらもう寝るだけですね」

「いや、やっぱりいろいろあるじゃないですか。お風呂とか、自分の時間とか……。気づくと寝るのは二時前ということも多いです」

「起床は何時ですか？」

「起きるのは六時半ですね。七時に家を出ますから」


この「自分の時間」というのがくせものです。会社で散々神経をすり減らして、通勤電車でへとへとに。とにかく家に着いたらのんびりしたい！　というのはよく分かります。食事、入浴など人間として必要最低限をこなすだけでなく、新聞に目を通したり、TVでスポーツの結果をチェックしたり、ブログを更新したい。

しかしここで気をつけなければならないのが、

深夜は集中力や思考力が低下している

ということです。「ちょっと休憩してから寝よう」のつもりが、たまたまつけたＴＶの深夜番組にはまってしまったり、「メールをチェックするだけ」なのに気づいたら一時間以上ＰＣに向かっていて、しかもネット通販でたいしていらないものを買ってしまった。このような経験がある方は多いのではないでしょうか。

ストレスを解消するために、「自分の時間」を持つことは重要です。ただし、「一時には寝る。そのためには○時四十五分にはＰＣの電源を落として、歯を磨いて、寝室に行く」というようにルールを決めておきましょう。

「一時に寝る」ということは、「一時○○分に布団の中で目を閉じる」であって、決して「一時になったからそろそろパジャマに着替えようかと考える」ではありません。

ＴＶを消す勇気、布団に入る勇気をもちましょう。

睡眠は交通事故を減らすだけではなく、産業事故も減らします。寿命のデータを見ていただいて分かる通り寝ることは命を守ることです。さらには仕事の頭の回転を上げ、作業効率まで上げます。仕事は朝八時から始まるのではなく、前夜から始まっています。本当の潜在能力を発揮させるための一番手っ取り早い方法は、寝ることです。

行動習慣 7

「脳が成長する人」はストレスがたまらない

「合わせ技一本」のメンタルダウンに注意する

「彼にはそんなにストレスがかかってないはずなんだけど」

私が産業医をしている会社で、ある部長が相談に来られました。四十代の部下が最近会社を休みがちになり、うつ病と診断されて休職になってしまったというのです。

何か思い当たる節はありますかとお聞きすると、冒頭の返事が返ってきました。同じような立場の同僚と比べてそれほど業務が多いわけではないし、今までも仕事上のノルマや悩みはあったはずなのに、何が起きたのか気になっていると首をかしげていました。

ある人がうつ病にかかったという話を聞いた時、「何か非常に不幸な出来事や大きなストレスがあって、耐えきれずにメンタル不調になったのではないか」と解釈される方が多いと思います。そのような場合が確かに多いのですが、誤解が生じやすい二つの点に注意する必要があります。

1. 嬉しいこともストレスになる

「あなたはどのようなことをストレスだと感じますか？」という質問に対して、どのようなことを挙げますか？　上司からの叱責、仕事がうまくいかないこと、リストラ、夫婦喧嘩、近隣トラブルなど、回答者の数だけ答えがあるでしょう。

今挙げたのは誰にとっても辛いと感じるような心理的ストレスですが、ストレスの定義は決してマイナスの出来事だけではありません。

「ストレス」は元来は材料力学の用語として使われていましたが、一九三六年に生理学者であるセリエが「何らかの刺激によって生体に起きるひずみの状態」としてストレス学説を提唱しました。

ストレスを起こすものはストレッサーと呼ばれます。寒冷、騒音などの物理的ストレッサー、薬物、有毒ガスなどの化学的ストレッサー、感染などの生物学的ストレッサー、そして不安、怒りなどの心理的ストレッサーなどをセリエは挙げています。

厳密に言えば人間に対して起こるすべての変化がストレッサーとなり得ます。外部から多少のストレッサーが加わっても、人間はストレッサーによって生じたひずみを解消して適応しようと反応します。例えば、冬になったからといって急に体温が低下したりはしません。人間の体にはホメオスタシスがあり、体温を一定に保つように調節しているからです。

「人間に対して起こるすべての刺激」という定義に従えば、喜ばしい変化も心理的ストレスになります。結婚、出産、昇進、進学など、これまでの状態を大きく揺さぶるような変化には適応するのに時間がかかるのです。

幸せなはずの結婚でマリッジブルーが起こるのも、旅行に出かけたらかえって疲れたりするのも、環境の変化がストレスになるといえるでしょう。

2. ストレスは積み重なる

人間の処理能力には限界があります。脳は多くのことを超複線で考えるとはいえ、いくつも心配事が重なると、全体の処理速度や精度が落ちてしまいます。

「仕事は家に持ち込まない」「家庭で問題があっても職場では考えない」というのをモットーにしている方は多いと思います。しかしいったんトラブルが起こると、人間はどこかでそのトラブルのことが気になって思考が分散してしまうので、全体としては集中力が落ちてしまいます。

ストレスがかかっている状態はゴムボールに圧力がかかってへこんでいる状態に例えら

れますが、あちこちから少しボールに力が加えられてボコボコになり、ボールがはずまなくなっている様子を想像してみてください。

さらに、もし小さいストレスだとしても、その小さいストレスが長期間にわたってうまく解決できずに、負荷がかかり続けると、やはりダメージが溜まって、ボコボコになってしまいます。

仕事上で特別なストレスがかかっていないようにみえても、「母と妻がしっくりいかない」＋「地域の役員」＋「趣味でやっている株が下がった」……などの小さなトラブルが重なってしまっているかもしれません。「彼にはそんなにストレスがかかってないはずなんだけど」と思っても案外こんなところに原因が隠れているかもしれません。図17

小さなトラブルでもそれが重なっている状態に、昇進で係長になり新しい仕事を任せられた、プロジェクトがうまく回らなくて少し残業が増えたなどのイベントが加わり、「合わせ技一本」でメンタルダウンにつながってしまう場合があります。

大きなストレスがかかっていなくても、小さなストレスの積み重ねがもたらす結果が同じになることに気をつけましょう。

図 17：小さなストレスの積み重ねで
合わせ技一本

ストレスをセルフコントロールする「ストレスが現れた！　逃げる？　それとも？」

うつ病で会社に行けなくなりクリニックを受診された患者さんたちは、初めての診察でよくこう訴えられます。

「それまではしんどいなと思っても何とか行けたんですが、ある朝起きたら身体が動かなくなってたんです。会社に行かなくちゃって思うのに、布団から起き上がることさえできない。『今日は休みます』と電話するのが精いっぱいでした」

実際に身体を殴られるわけではないのに、心理的ストレスでなぜ「倒れる」のでしょうか。

例えば、仕事のミスで部長に怒鳴られたとします。「何やってるんだ！」部長の大きな声を聞いてびくっと反応する、「まずい、そういえばあの書類を忘れてた！」と思う、その瞬間に大脳皮質が興奮します。その刺激が脳の扁桃体に伝わって不安が惹起され、視床下部―下垂体―副腎と体内に伝令がかけめぐり、ステロイドホルモンが放出されて、血圧が上がり、心拍数が速くなり、瞳孔が開きます。

人間のストレスに、心理的要因が加わったのはごくごく最近のことです。ヒト属が発生してから二〇〇万年、長い間生命を脅かすのは大型肉食獣などの外敵でした。ストレスを感じたら速やかに逃げる。逃げないと自分の生命が危うくなる。これらのストレスに対する反応はあくまで身体が危険に対してすぐに動くようにするための身体反応なのです。

上司から怒られるのは、そのストレスが直接生命を危機にさらすわけではないので、よく考えたら心臓をドキドキさせたり汗をかいてもどうにもなりません。人間がもっと進化したら、血圧を上げずに心理的ストレスに対応できるようになると思います。しかしながら今のところ私たち人間にはストレスに対する仕組みとしてこれらの反応しか備わっていないのです。

しかも古代の人類がライオンから逃げるようなストレスは長期間にわたって続くことはなく、短時間を逃げ切るような瞬発力が重要視されましたが、現代の心理的ストレスは数カ月から数年続くことも珍しくありません。皆さんの目の前にある困った案件は一日やそこらで解決するようなものではないと思います。われわれの身体は、一瞬ぱっと血圧を上げることは得意ですが、ずっと上げ続けた状態に耐えられるようにはできていません。

不安が高い傾向の人は、数十年にわたって心筋梗塞を起こしやすくなる、脳梗塞を起こしやすくなるということが分かっています。さらにストレスイベントがあると心筋梗塞を起こす可能性が数倍にはねあがります。これは不安がストレスとなって脳を刺激し、血圧や心拍数を上げ続けていた結果、血流の高い圧で血管が傷み、破綻してしまったからです。

うつ病の患者さんもさまざまな身体症状が出現します。めまい、耳鳴り、頭痛、胃の痛み、肩こり、動悸、むかつき、下痢、便秘など、多彩な悩みがみられます。内科に行っても「別におかしいところはない」と言われるのですが、うつ病がよくなってくるといつのまにか症状は消えています。「あれは何だったんだろう?」と患者さんやご家族が首をかしげるくらいです。

「うつ病で動けなくなる」というのも、「心理的ストレスに耐えようとしていたが、身体が対応できなくなった状態」と考えるとわかりやすいかもしれません。

では、ストレスを上手に解消するためにはどうしたらよいのでしょうか?

「ストレスを減らす」ための究極の方法はストレスの回避、つまり逃げてしまうことですが、すべてのストレスから逃げることは不可能です。「人間に対して起こるすべての刺激」がストレスですから、生きている以上さまざまなストレスが発生してしまいます。逃げてばかりではストレスに対応した経験を積み重ねていって成長することもできません。

ストレスに対応するためには、まず、自分が今感じているストレスについて把握することから始めましょう。

「このプロジェクトが失敗したら、会社で俺の立場がなくなる」
「子どもが成績良くないから、塾に行かせなきゃいけないのかな。何であいつは言っても勉強しないんだ」
「おふくろも年だけど、倒れたらどうしよう」
強いストレス・弱いストレス、短期間のもの・長期間にわたるものなどいろいろありますが、大きく自分の頭の中に「ストレスメーター」があると想像してみてください。

私たちは生活の中で各方面からストレスを受けています。掃除中に自然とほこりをたくさん掃除機で吸引してしまうような感じです。定期的に掃除機の中からほこりを捨てていれば吸引力は落ちませんが、ほこりを溜めっぱなしにしておくとフィルターに詰まって吸い込まなくなってきます。それでも無理に掃除機を使い続ければ、モーターが焼けついてしまうでしょう。その前に「掃除機内にほこりが溜まったので捨ててください」というランプがつき、私たちに注意を促してくれます。

同じように、

自分が今総合的にどのくらいストレスを受けている状態なのかいつも気にしておくこと、これがストレスメーターです。

人間は、いつも一〇〇％でフル稼働というわけにはいきません。メンタル不調でクリニックを訪れた人に、私はよく「今何％くらいですか？」とお聞きします。

一〇〇％はトップギアでばりばりフルスピード。仕事もプライベートもうまくいって、体調も絶好調。それに対して、〇％は動けないくらいしんどい、夢も希望も考えられないお先真っ暗な状態。

クリニックでお会いする年間一万人くらいの患者さんたちにお聞きしたところ、個人差もありますがおおよそ八〇%くらいないと会社に毎日出勤したり日常生活を順調に行うのは難しいようです。

では、自分が順調に生活するためには何%くらいを保っていればいいのか、ちょっと無理をして頑張るためにはどうなのか。それはどのくらい続けることができるのか。

掃除機と同じで、

ストレスメーターが高まってきたなと気づいたら、なるべく早めにストレスを解消したり、もしくは受けるストレスの中で回避できそうなものはどれかを考えたり、長く続いているストレスを終わらせるように努力して、ストレスメーターの値を下げておくと、メンタルダウンして倒れるということを防げます。

もちろん、時にはぐっとストレスメーターを高めてでも仕事を頑張りたい時もあるでしょう。そういう時は、他のストレスをなるべく減らすようにしたいものです。自分のストレスメーターに注意しながら上手に調節していきましょう。

考え方や行動を見直す

つい先日、ノートパソコンをなくしてしまいました。診療が終わって講演に向かう途中、タクシーの中にパソコン収納鞄ごと忘れてしまったのです。タクシーを降りて、数メートル歩いたところで気づいたのですが、その時にはタクシーは走り去ってしまった後でした。

「まずい！　どうしよう！」

パソコンがないと今日の講演でパワーポイントが映せない、会場に来ている担当者さんに借りられるかな。でもさっきまで作っていたスライドと資料原稿がない、講演用に昨日とっておいたバックアップは持ってるけど、せっかくさっきスライドをきれいに修正したところが無駄になってしまった。

これも直前ぎりぎりまでスライドや原稿を作っていたことが悪かったのか？　診療に追われて下準備が遅れていたから？　それとも今朝ゴミを出し忘れたから罰があたった？

「幸運の女神は準備をしている人にしか微笑みません。精神的に追いつめられないためには普段から準備を怠らないことが大切です」といつも講演でしゃべってるのに……。

こんなことをぐるぐる考えながら会場に到着しました。深呼吸をして、気持ちを落ちつかせて、講演をはじめました。と思ったら、今度は借りたパソコンが起動しない。担当者さんと奮闘して動かし、なんとか講演を終えましたが、自分としては不完全燃焼だった感じが残ってしまいました。

「パソコンをなくしたから、講演でうまく話せなかった」

「悪い出来事」＝「結果」

さて、これは正しいでしょうか？　パソコン紛失という出来事があったから、講演がうまくいかないという結果は避けようがなかったのでしょうか？

そんなことはありませんね。スライドや資料原稿があり、パソコンも借りられたので、本来発表にはそれほど不都合はなかったはずです。しかし講演が不完全燃焼になってしまったのは、「出来事を受けて自分が動揺したから」という部分が大きく関与しています。

「パソコンを紛失した」＋「動揺し、後悔し、その気持ちが続いた」＝「講演のできばえ」といえますね。

つまり、本当は

「出来事」＋「出来事に対する自分の反応（ストレス反応）」＝「結果」

ということです。図18

ストレス反応とは何でしょうか。

ストレス反応とは、ストレスとなるイベントが生じたとき、自分がどのように反応するか、そしてそれがどのくらい続くかということです。


「パソコンをなくした」という出来事が起きた時、どのような考えが浮かぶでしょうか。

「しまった、どうしよう、どうしよう、どうしよう……」

「いつもならこんなミスはしないのに、タクシーでうとうとしてたのが悪かった」

「バックアップをこまめにとっておけばよかったな……」

「今日の講演がうまくいかないかもしれない」


ストレスとなる出来事に対してネガティブに反応すると、自動的に思考が回転してどんどん悪い方向に考えていってしまいます。ちょっとした不幸やミスを大きくとらえてしま

図18：「パソコンを無くしたから
講演でうまく話せなかった」

い、さらにマイナス思考になり、悪循環から抜け出せなくなる。「自動思考」という脳のメカニズムによるものです。

悪いストレス反応が続いていると十分なパフォーマンスを発揮することができませんから、当然十分な結果を出すこともできません。

「パソコンをなくしたから、講演がうまくいかなかった」

こう思ってしまいがちですが、これではひとつながりのエピソードの入口と出口しか見ていないことになります。

出来事がそのまま結果となるわけではありません。その出来事に対して自分がどう感じたか・考えたかというフィルターがかかり、出来事に対するレスポンスの行動で成功するかどうかが決まるのです。このフィルターの良し悪しは個人によって非常に異なります。

実は自分の脳というブラックボックスを通る間に生じている「ストレス反応」こそが勝敗を決めているといってよいでしょう。

ストレスがかかると、脳内ではどのような変化が起こっているのでしょうか。

「ストレスで身もやせ細る思い」といいますが、

ストレスを受けると実際に脳神経が縮んでしまう

ことが分かっています。

不安や恐怖など心理的要因の強いストレスのことを情動的心理的ストレスと呼びますが、この情動的ストレスを受けると大脳皮質や辺縁系が興奮し、不安を処理する扁桃体に伝達され、そこから視床下部―下垂体―副腎という経路が活性化して、ストレスに対抗するステロイドホルモンが身体を守るために分泌されます。食欲・性欲などの本能行動を抑制し、血圧や血糖値を上昇させ、身体を危険から守るためすぐ動ける態勢が整います。

急激なストレスへの防御としてはこれでいいのですが、長時間にわたってこの状態を続けると体がもちません。

脳においても、ストレス反応の過程で分泌されるCRHというホルモンが高い状態が長期間続くと、神経細胞に欠かせない神経栄養因子をつくる遺伝子の発現が減ってしまいます。すると神経栄養因子が減少し、神経細胞が委縮していきます。

長期にわたってストレスを感じている状態が続くと、脳内で神経細胞がどんどん縮んでいってしまうのです。

では、出来事に対する自分のストレス反応を変えることはできるのでしょうか。もちろん可能です。

想像してみてください。通勤で毎日乗っている満員電車、同じ時間に乗らないといけません。この時あなたはどのように感じているでしょうか？

「毎日のことなので、何も考えてませんよ」

普通ですね。でも悪くはありません。

「正直イライラしてます。なんでこんなところに家を買ったんだろう」

黄信号です。この状態が三〇年にわたって続くと、脳にダメージが溜まっていくかもしれません。

「満員電車ですので、足首とふくらはぎの運動の時間にしてます」

いいですね！　ストレスを上手に変換させています。

同じ出来事でも、自分の考え方や感じ方によって結果は変化します。ストレスを自分のフィルターで高めてしまうこともありますし、弱めることもできます。ストレスはその大きさを自分のフィルターで変化させてしまうのです。

図19：個人や自分の状態によって変わるストレス

満員電車は誰にとってもストレスです。しかし、それに対する自分のストレス反応、フィルターは個人によって異なります。さらに、自分の状態によっても変わるのです。

疲れている時には満員電車で窮屈なのが強いストレスになるでしょうし、元気な時には満員電車くらいはへっちゃらさと思うかもしれません。このように同じストレスに対しても自分のフィルターが働いてさらにストレスを大きくしたり小さくしたりしてしまうのです。図19

ストレスを高める考え方をしていないか、ストレスとなる出来事があったときほど自分でセルフチェックしてみましょう。同じ方向に考えてしまうこと、同じように考えてしまうことを、心理学用語で自動思考といいます。自分の考え方が偏っていないか、自動思考にはまっていないかもチェックすることが必要です。これもストレスメーターを下げる有効な方法といえるでしょう。

不幸の拡大視・再生産に注意する

先に、ノートパソコンを紛失したお話をしました。講演前にパソコンをタクシーに忘れ、気持ちが動揺して、講演が不完全燃焼になってしまったのですが、どうしてこのエピソードが私にとって強い記憶として残っているのでしょうか？　それには脳内のメカニズムが大きく関与しています。

不安なことがあると、情動的心理的ストレスとなり、大脳皮質や辺縁系が興奮し、扁桃体を経て視床下部に伝わります。先ほどは視床下部―下垂体―副腎系のストレスに対抗するメカニズムについて説明しました。

ストレスがかかると不安を増大させる方向に考えてしまうのは、人間の本質部分といえます。

交感神経系が興奮し、ノルアドレナリンが分泌されているときには、速やかに動けるように周囲の状況に対する警戒が上がっています。危険に対する警戒、警戒・攻撃態勢への反応性が高まっている状況です。

このような状況下では、ゆっくり判断して精密に動いている暇はありません。少々誤解でも早く判断すること、しかも生き残れるように危険に対してオーバーに判断することが求められますから、周囲の状況を普段より危機的にとらえてしまう傾向があります。つまり、

ストレスがかかっているときは、状況をよりネガティブに判断してしまいやすい

ということです。私たちが現代において受けているストレスは、瞬間で終わるようなものではありません。いくつもの出来事が複雑に絡み合い、次々に判断して対応していかなければならないことが多いのです。一つのストレスによってダメージを受け、不安警報システムが脳内で発動してしまうと、次に行うべき判断に影響を与えます。そしてどんどん不

安が高まり、最終結果が大きく変わってしまうのです。

この不安警報システムは人間の生存のために必要不可欠なものですから、なくすことはできません。私がパソコンをタクシーに忘れ、気持ちが動揺して、満足のいく講演ができなかったのは、不安を拡大視して再生産していく本能のせいだったのです。

では、このメカニズムを乗り切るためにはどうしたらいいのでしょうか?

柔軟に認知を切り替える　リフレーミング

ストレスとなる出来事が起きた時、自分がどう感じたか・考えたかというフィルターがかかります。この感じ方は人によって千差万別、それぞれに異なる特徴を持っています。

フィルターをかけることを心理学用語でフレーミングと呼んでいます。

フレーミングとは、窓枠の frame と同じで「枠をはめる」という意味です。私たちは出来事に対して自分ならではの枠をはめて認識していますが、あまりその枠に気づいていません。

例えば、先日クリニックのスタッフが名刺入れをなくしてしまいました。

長年大切にしていた名刺入れで、今日いただいた重要な顧客の名刺がある。普段使わないクレジットカードも入っている。子どもの大事な写真も入っている。

あわてて今日移動したところをもう一度回って、電車の遺失物センターに連絡して、警察にも届けて、カードを停止する手続きをとりました。図20

打つべき手はすべて打ちました。後は、戻ってくるのを待つだけです。

でも、つい考えてしまいます。

「うっかりしていた自分が悪かった。気に入っている名刺入れだったのに。もう二度と手に入らない名刺入れだと思う。もしカードが不正使用されていたらどうしよう。自分の住所氏名が悪用されてしまうかも……」

不安警報システムがぐるぐる回って、物事すべてがネガティブに大きく見えている状態です。「自責、不安、後悔」というフレームがはまってしまっています。次の日も落ち込んでしまって、仕事にも影響しかねません。

図20：リフレーミング

DOBANK
ATM
名刺入れ 忘れたわ!
気に入ってたのに!
悪用されてないかしら?
名刺入れ 忘れたわ！
見つからなかったら
新しいの買おうかしら？

では、この出来事に対するフレームをかけ替えてみましょう。

「思いつく解決策はすべてやった。これで返ってこなければ、『新しい名刺入れを買ってもいいよ』という天の思し召しなんだろう。次はどんな名刺入れを買おうかな。この間お客さんが持っていた名刺入れは使いやすそうでかっこよかったな。そうだ、もう落とさないように、名刺入れのサイズも考えないと」

このフレームのかけ替えを「リフレーミング」といいます。ストレスになる出来事に対して自分の中でリフレーミングを行うことで、ストレスによる不安のサイクルが進みすぎないようにするのです。

ストレスとなる出来事が起きた時、とらえ方のフレームは三つに分けられます。

1. 自罰的　自分が悪かったんだと思い、自分を責める
2. 他罰的　自分以外の他人が悪かったんだと思い、その人を責める
3. 無罰的　誰も悪くなかったと思い、責めない　図21

私たちはその時々に応じてこのフレームフィルターを使い分けていますが、それぞれの

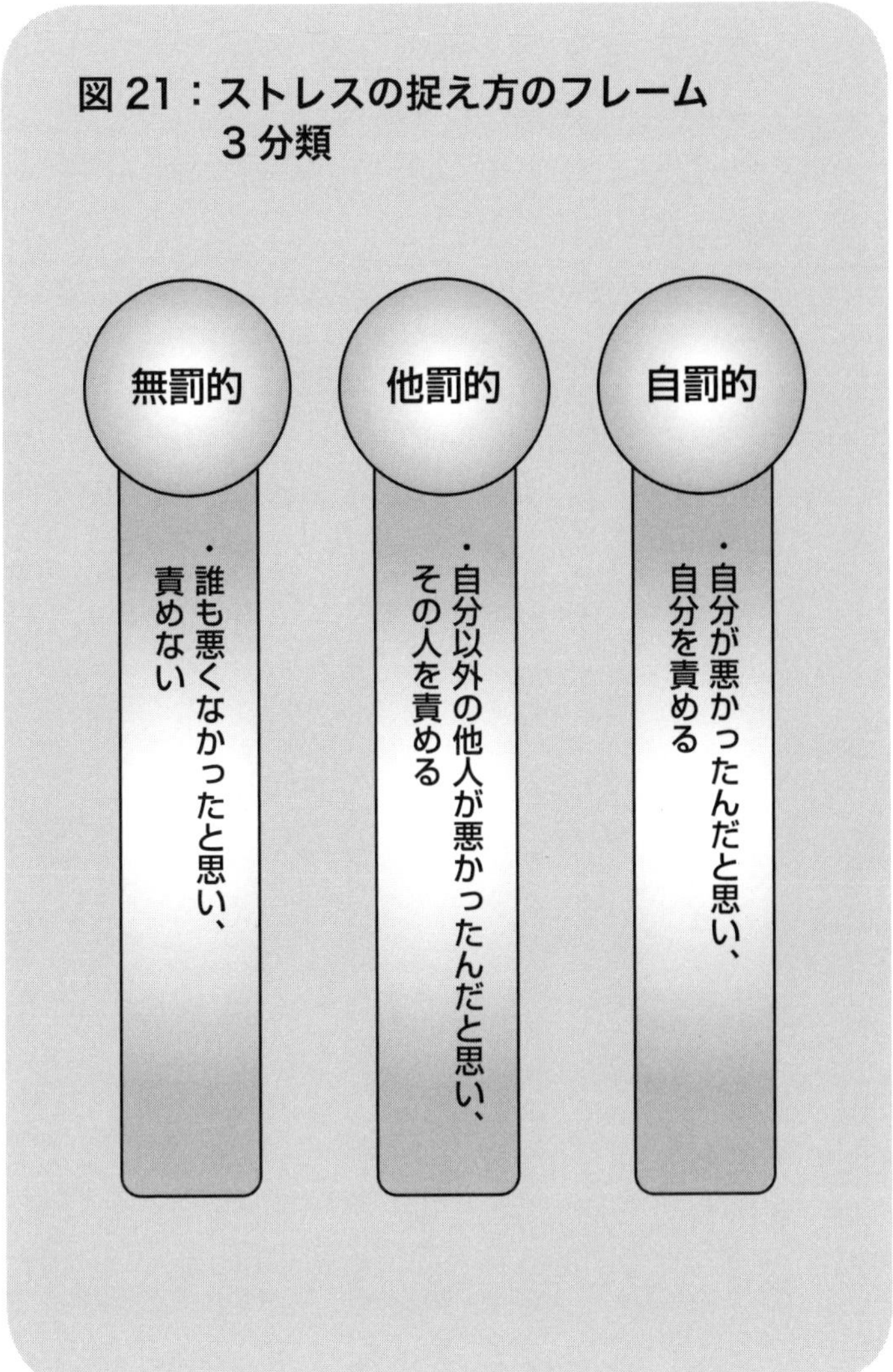
図21：ストレスの捉え方のフレーム
3分類
無罰的
・誰も悪くなかったと思い、
責めない
他罰的
・自分以外の他人が悪かったんだと思い、
その人を責める
自罰的
・自分が悪かったんだと思い、
自分を責める

性格や気質、これまでの経験によって得意な考え方と苦手な考え方があり、どうしてもフレームが偏りがちです。

「今日の営業はうまくいかなかった」という出来事があったとします。

自罰的な人：僕が悪いんだ、お客様も怒らせてしまった。僕はどうしようもない奴なんだ。自分は営業に向いてないのかも。このミスは取り返せない。

他罰的な人：朝から課長がガンガン怒鳴るから、自分の気持ちが乗らなくてうまくいかなかったんだ。だいたいあの客も無茶な要求をしすぎるよ。誰もわかってくれないし、こんな会社辞めてしまおうかな。

無罰的な人：まあ、そういうこともあるよね。客にも事情があるし、誰が悪いってこともないから仕方ない。大きな問題じゃないよ。

お気づきのように、どのフレームが正解だというわけではありません。それぞれにリフレーミングを行ってみましょう。

自罰的な人：確かに自分が悪かった。だからどこが悪いのか分析して、悪い点を直して、次にうまくいくように考えよう。次はきっとうまくいくんじゃないかなって楽しみにしよう。

他罰的な人：今日は朝から課長に怒られて、自分の気持ちが乗らずに営業がうまくいかなかった。課長に怒られようが、同僚とうまくいかなかろうが、お客さんと話すのは一期一会、その一回が真剣勝負なんだから、気持ちを切り替えないといけなかったな。次には気持ちを引きずらないようにしよう。

無罰的な人：自分としては悪いところはなかったと思うけど、うまくいかなかった。こんな時もあるんだな。今回はいい経験をさせてもらったということで、次に役立つ点を考えてみよう。これが続くようなら課長に相談してみないといけないな。図22

「あの人はポジティブ思考だよね」と周囲から言われる人は、リフレーミングをすばやく行うことができる人なのです。ストレスとなる出来事があっても、すぐにリフレーミングして不安を増幅させないようにすれば、重大な結果を回避することができますし、次に同じような状況に陥っても対処しやすくなります。

このようなお話を講演ですると、会場から「先生、簡単に言うけど考え方を変えるのは難しいですよ、自分はネガティブな性格だから」という質問をよくいただきます。

図 22：3 分類のリフレーミング

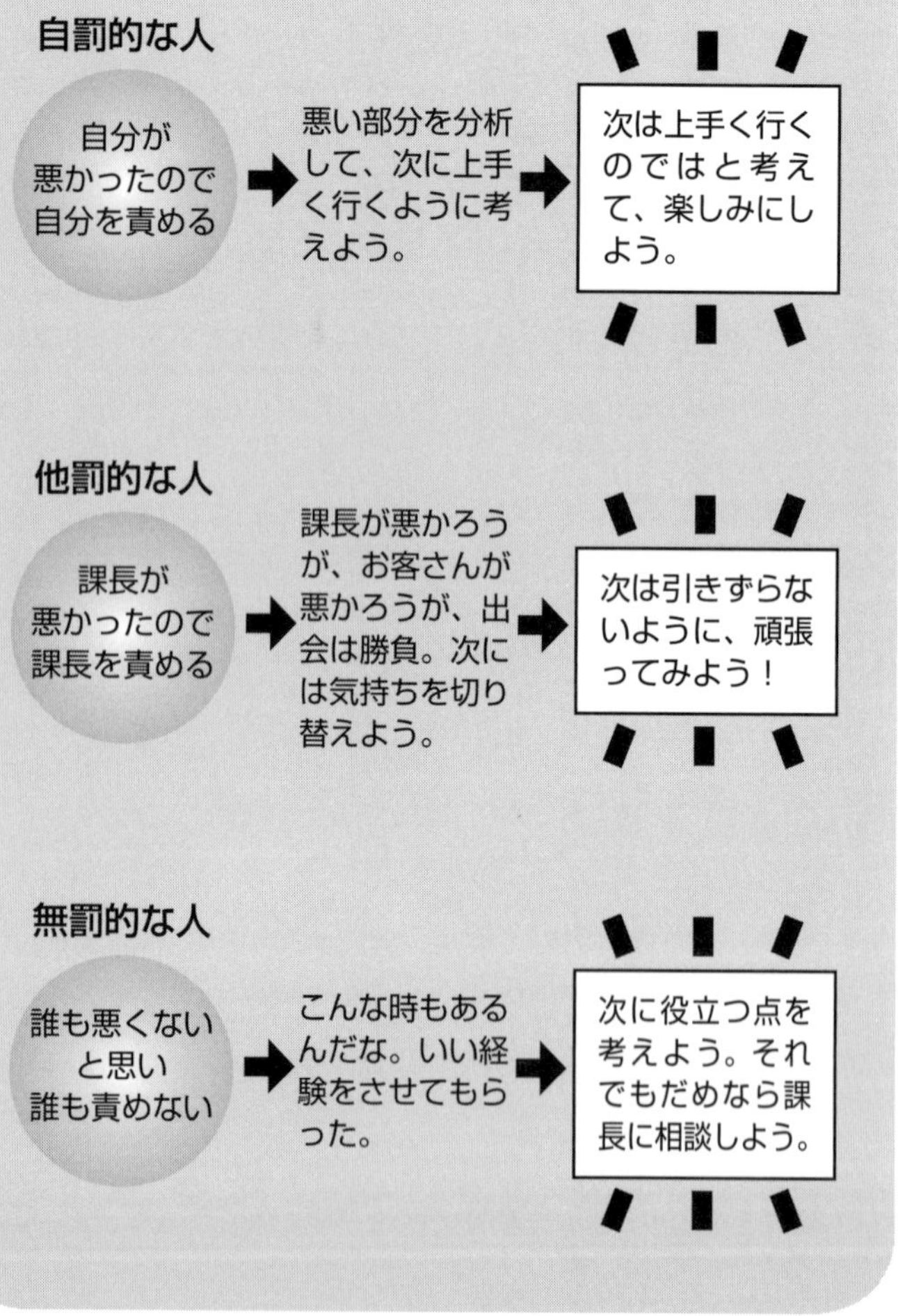
自罰的な人
自分が悪かったので自分を責める
悪い部分を分析して、次に上手く行くように考えよう。
次は上手く行くのではと考えて、楽しみにしよう。
他罰的な人
課長が悪かったので課長を責める
課長が悪かろうが、お客さんが悪かろうが、出会は勝負。次には気持ちを切り替えよう。
次は引きずらないように、頑張ってみよう！
無罰的な人
誰も悪くないと思い誰も責めない
こんな時もあるんだな。いい経験をさせてもらった。
次に役立つ点を考えよう。それでもだめなら課長に相談しよう。

「ネガティブ」な性格というのは、ネガティブなフレームが自分にがっちりはまってしまって、本人も気づいていない状態だといえます。ネガティブ方向に自動思考が働いてしまっていますね。リフレーミングは難しく見えますが、まず自分のフレームに気づくことから始めてみましょう。

「ちょうど自分の順番で赤信号になってしまった。イライラする」
「コピーを取ってたらトナーが切れちゃった。取ってくるの面倒だな」
「どうして俺だけ怒られないといけないんだ！　不公平だ」

事実に対してついネガティブに考えてしまう、自分の中でストレスを増大させるようなフレーミングは、私たちの中にたくさん潜んでいます。

ストレスになっている考え方、間違ったフレーミングにまず気づくことが大切です。

気づいたら、次はリフレーミングの練習をしてみましょう。最初は自分のフレーミングに慣れてしまっていますから、なかなか難しいかもしれません。「たくさんのフレームを考えてみるゲーム」だと思うくらいでいいのです。

「今無理やり右折してたら、事故にあったかもしれない」

「倉庫までトナーを取りに行くので、三〇〇歩は稼げるな。メタボ対策ＯＫ！」

「部長も機嫌が悪かったんだろう」図23

リフレーミングの習慣がついてくると、ストレスを受けても脳内で悪化させずにいられるようになります。ストレスを受けた時に自分のフレームに気づく、リフレーミングしてみて最もよい対策を考える、実行する。そのことにより不安警報システムによるネガティブサイクルではなく、ポジティブなサイクルを回すことができるようになってきます。

図 23：リフレーミングの例

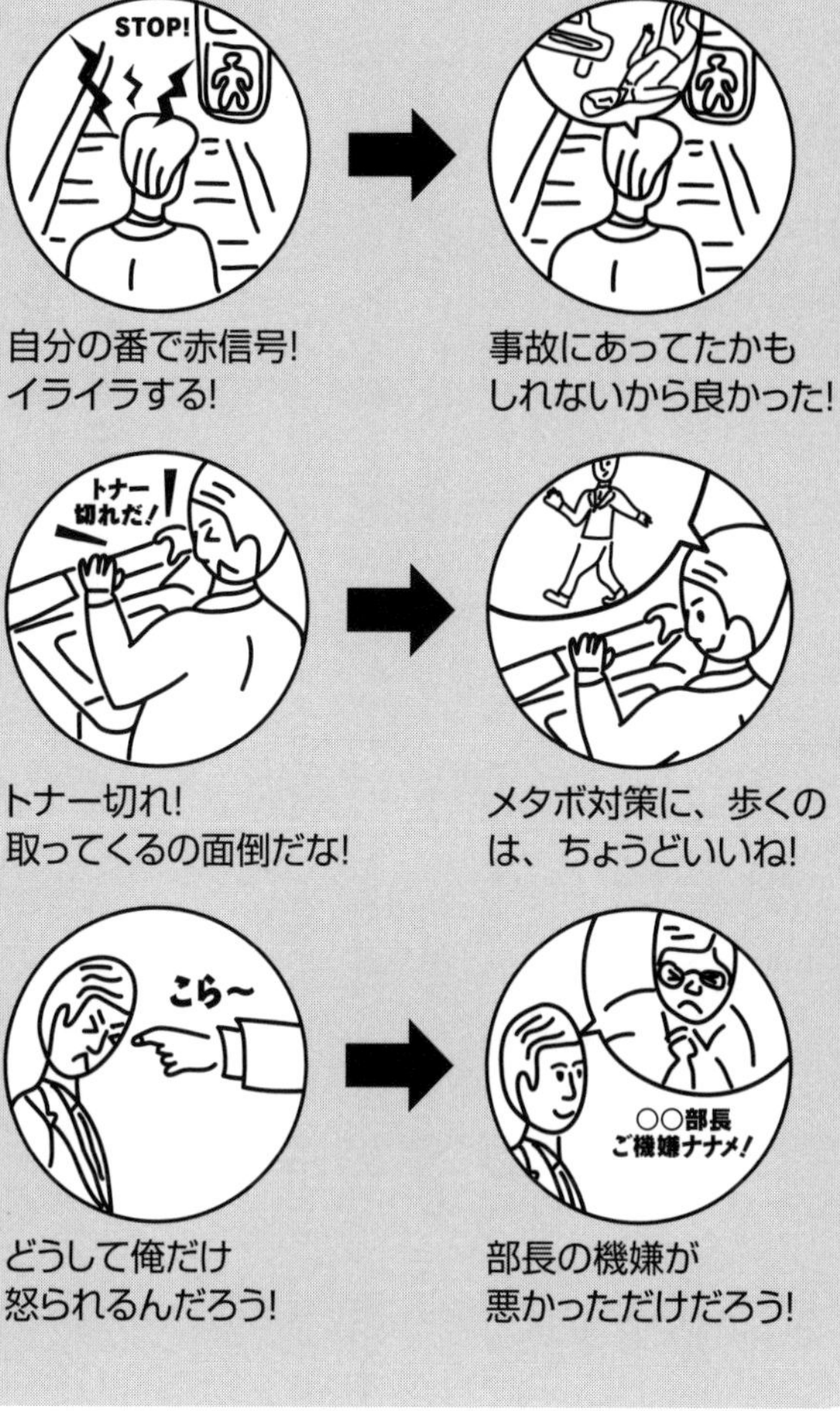
STOP!
自分の番で赤信号!
イライラする!
事故にあってたかも
しれないから良かった!
トナー切れだ!
トナー切れ!
取ってくるの面倒だな!
メタボ対策に、歩くの
は、ちょうどいいね!
こら～
どうして俺だけ
怒られるんだろう!
○○部長
ご機嫌ナナメ!
部長の機嫌が
悪かっただけだろう!

元気な時と元気がない時のストレス解消方法を変える

私は精神科医として自分のクリニックを開業するほかに、企業でも産業医として仕事をしています。産業医とは、企業内で医療の専門家として、企業で働く人々の安全と健康をサポートする役割です。会社の中で健康に被害を与えるような危険な要因や作業はないか職場巡視を行ったり、健康診断の結果に基づいて医学上の指導をしたり、実際にメンタルヘルスや病気で悩んでおられる方と面談したりしています。

以前の産業医活動は、石綿・ガスなど有毒物質の発生する作業環境、振動や騒音を伴う作業による健康被害からいかに社員を守るかということが中心でした。しかし、時代とともに産業構造が大きく変化し、第三次産業の就業者が占める割合は年々上昇し、七割弱に達しています。工業においてもオートメーション化が進み、企業における健康問題が、有害な作業環境・作業による危険性から、これまで社員個人の問題ととらえられていたメタボリックシンドロームやメンタルヘルスに移りつつあります。

先日、とある企業の執行役員の方とお話ししていて、こんな相談を受けました。

「先生、どうも最近の若い子はストレスに弱くていけない。二十代の子が数年でやめたり、ちょっと無理させると三十代からバタバタ倒れたりしてしまう。僕らの若い頃はがむしゃらに働いたもんだよ。やめるとか倒れるとか、あれは本人の弱さなんじゃないか」

個人のストレスに対抗する強さ・弱さを、精神医学では「ストレス耐性」と呼んでいます。

例えば、スポーツの重量挙げを考えてみましょう。

トレーニングを全くしていない子どもでも、最初から重いバーベルを上げられる子と、軽いバーベルしか上げられない子がいます。これは、元来個人に備わっている筋力が違うからです。重いバーベルを持ち上げることができる、言い換えれば重量という物理的ストレスに対してのストレス耐性が生まれつき強い人間であると言えるでしょう。寒くても薄着でいられる子ども、長い時間水に潜っていられる子どもなど、人間はいろんなことに対して抵抗性が強い人と弱い人がいます。

トレーニングをすると生まれつき持っている抵抗性を上げることができます。最初は三〇キロの重量しか上げられない選手が、訓練を積み重ねることでだんだん上げられる重量が増えていき、一〇〇キロの重量をなんとか上げられるようになったとします。

この選手の能力は、以下の式で表すことができます。

重力に対する耐性（一〇〇キロ）＝元来持っている耐性（三〇キロ）＋訓練によって得られた耐性（七〇キロ）図24

この選手は、いつも必ず一〇〇キロのバーベルをコンスタントに上げることができるでしょうか？

大会の日に風邪をひいていた、前夜に飲みすぎて睡眠不足だった、こういう状態だと、自分の能力を一〇〇％発揮することは無理ですよね。

あるいは体調が十分でも、試合直前にチームメイトと口論した、彼女と別れてしまったばかりというような精神状態だと、バーベルを上げることに集中できずに満足な結果を残せないかもしれません。

ということは、この選手の能力は次のようになります。

図 24

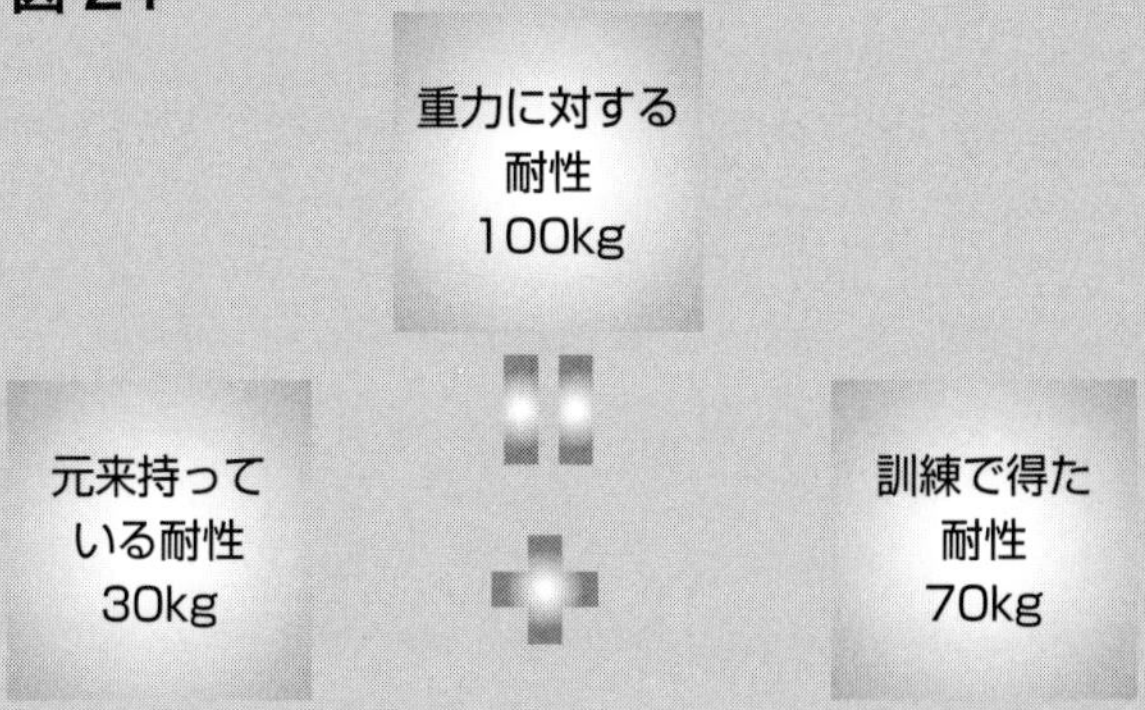
重力に対する
耐性
100kg
元来持って
いる耐性
30kg
訓練で得た
耐性
70kg

図 25

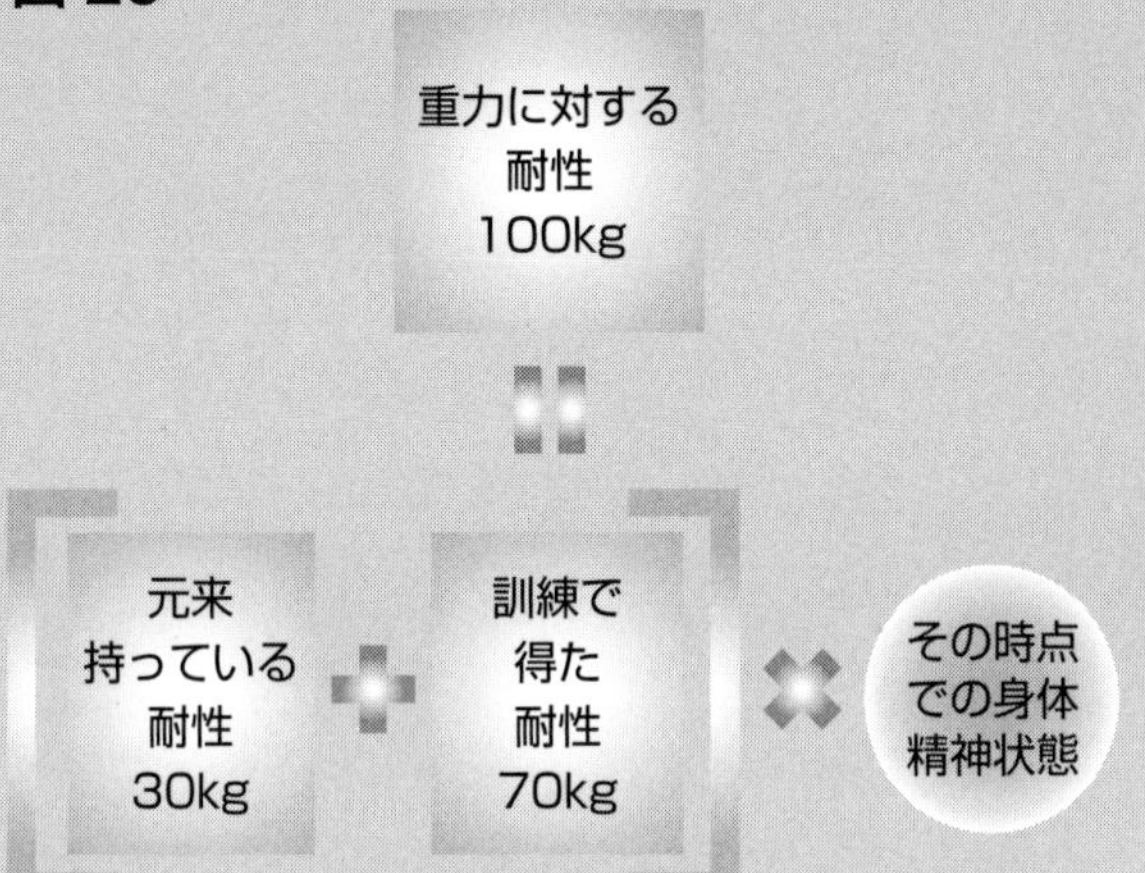
重力に対する
耐性
100kg
元来
持っている
耐性
30kg
訓練で
得た
耐性
70kg
その時点
での身体
精神状態

重力に対する耐性　＝（元来持っている耐性＋訓練によって得られた耐性）×その時点での身体精神状態　図25

さらに以前からの疲労の蓄積があると、能力を十分発揮するための妨げとなります。先ほどの選手が、オーバートレーニングで試合当日にくたくたに疲れていたらどうでしょうか。これも一〇〇％の力を発揮できません。その日に受けた疲労が十分回復しきれないと、疲労が蓄積してしまい、身体や精神の状態に悪い影響を与えてしまいます。疲労から回復するために、最も重要なものは睡眠です。

今説明してきたのは重量挙げという物理的ストレスに対する耐性ですが、精神的ストレスに対する耐性も同じです。

ストレス耐性　＝（元来持っている耐性＋経験や訓練によって得られた耐性）×その時点での身体精神状態　図26

「最近の若い子はストレスに弱いんじゃないか」という疑問に戻りましょう。

ヒトという生物が元来持っているストレス耐性は、個人によって差があるとはいえ大きくは変わらないと思われます。遺伝学的にもたらされる差はごくわずかです。

図26

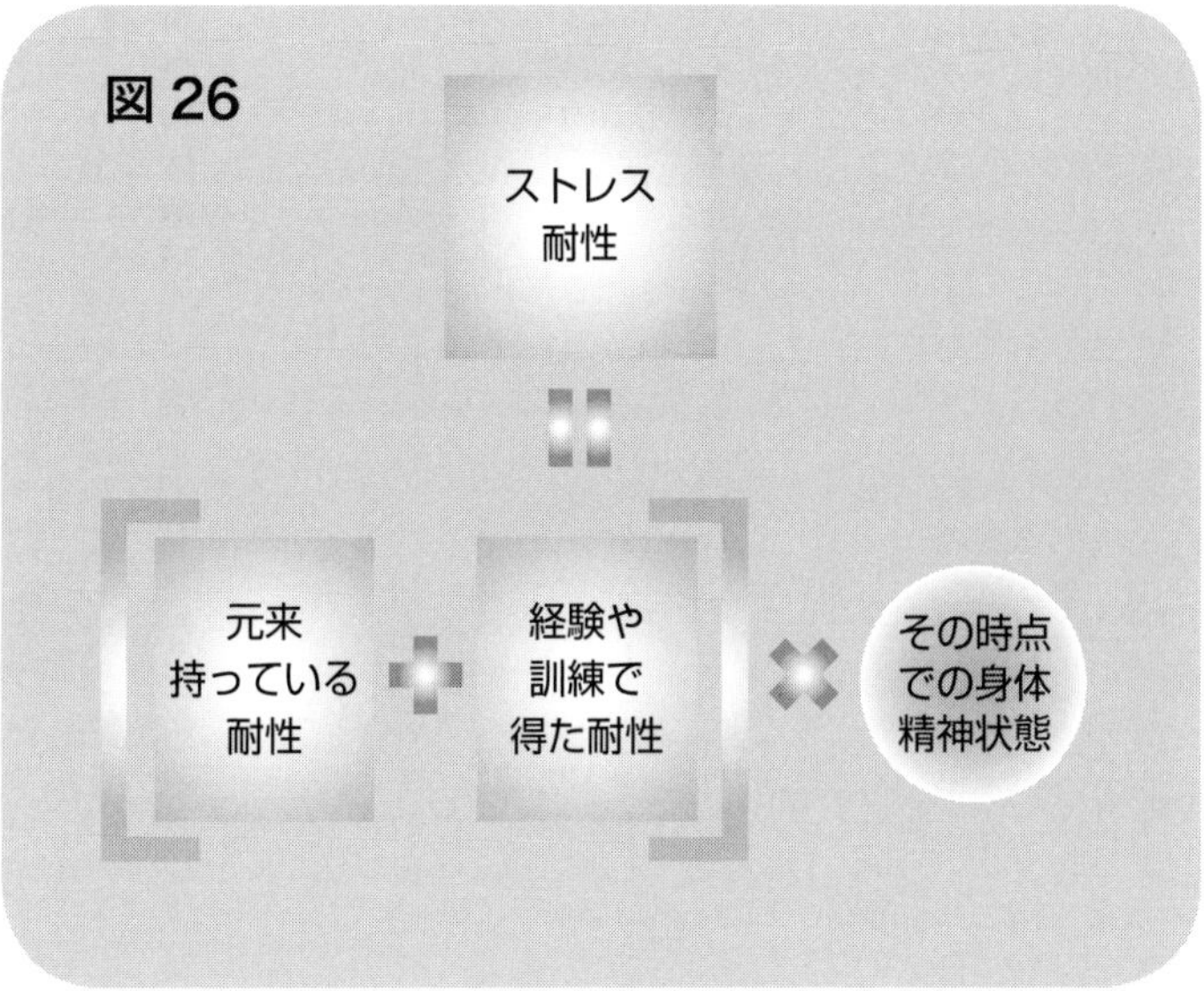

しかし先ほども述べたように、近年の社会は大きく変化しています。情報量・スピードがけた違いに増大し、労働者のストレスも危険な環境によるものからメンタルヘルスの問題に変化しています。自殺者は年間三万人を超え、うつ病の罹患者もこの一〇年で二倍に増加しているのです。

辛い仕事を乗り切ってきた経験を持っている世代は、心理的ストレス増大という変化になんとか耐えることができていますが、経験や訓練の少ない若年層は耐性が乏しく、ストレスを乗り越えられなかった者からばたばた落ちていってしまっているといえます。

では、心理的ストレスによるプレッシャーに負けずに働くためにはどうしたらいいのでしょうか。経験や訓練を積んで耐性をつけることが必要ですが、そのカギを握るのは、自分の身体精神的状態を把握しながらストレス解消法をコントロールすることです。

「ストレス解消」というと、旅行やゴルフなどを思い浮かべる方もいるでしょう。元気な時に旅行に行く。知らない土地を訪れて、珍しいものを食べて、普段しないような経験をする。脳が刺激されて活性化し、「リフレッシュした」ということになります。

でも、元気がない時はどうでしょうか。

以前私も、休暇で北海道旅行に出かける直前に風邪をひいてしまったことがあります。でも休みを取ってしまったし、数カ月前から家族が楽しみにしていたし、ホテルや飛行機をキャンセルするのももったいないし……ということで無理やり出かけました。しかし熱が出てふらつくわ、吐気がしてせっかくの海の幸もおいしくないわと散々で、挙句の果てにダウンしてホテルで寝てしまいました。当然日頃のストレスも解消されず、同行した家族には「かえってストレスが溜まった」と言われて帰ってくる始末でした。

同じ旅行という行動でも、自分の身体精神的状態が異なると、全く違った結果になってしまいます。「風邪をひいている」という状態が、楽しいはずの旅行をマイナスのストレスに変えてしまったのです。

元気な時に楽しむ方法と、元気がない時に楽しむ方法は違います。ストレス解消も同じです。ストレスを解消するためにも体力・精神力を必要とするからです。

「ストレス解消法を教えてください」と講演でお聞きすると、だいたい以下のような答えが返ってきます。

・食事／飲みに行く
・スポーツ
・旅行
・カラオケ
・友人と会う
・買物

どれもアクティブなストレス解消法といえるでしょう。自分が普段使っていない部分を刺激する、違う視点から違う光を当てる感じです。

しかし、元気がない時はそんなことはできません。余計に疲れてしまいます。元気がない時には次のようなストレス解消法がいいでしょう。

・軽く散歩する
・家で休憩する
・家族とのんびり話す
・ゆっくり入浴する
・早めに就寝する

自分に対して刺激を与えすぎないストレス解消法を行うことが大切です。

ある時クリニックに「体がだるい」という男性ビジネスパーソンが来られました。お話を伺うと、実は仕事が忙しく連夜終電で帰宅しているので寝るのは二時過ぎ、出勤は六時半という状態が続いて体がへとへとになっているのに、「ストレス解消のために運動しなければ」と四時起きで毎月ゴルフコースに行っていたということがありました。

逆に、「ストレス解消だから」と日曜日は一日中寝転がり、かえってその晩眠れないというお父さんもおられるでしょう。

今、自分が身体精神疲労を回復させなければいけない状態なのか、ストレス耐性をつけるための訓練を行ってよい時期なのか、違いを理解し使い分けることが大切です。自分が元気であれば刺激を与えるようなストレス解消法、元気がない時には休息するのがストレス解消法と考えるべきです。

爪切り一本でストレス解消
ストレスマネジメントにもダイバーシティを

元気な時とそうでないときではストレス解消法を変えるべきだという話をしました。

では、実際に皆さんはいくつくらい「自分のストレス解消法」を持っておられますか？

私は講演の中で、実際に皆さんに書き出していただくことがあります。たいていの男性ビジネスパーソンは四つか五つ、それもお酒を飲む・タバコを吸う・おいしいものを食べる・ゴルフに行く・寝るといったところです。

とはいうものの、これまで私自身もそれほどストレス解消が上手な方ではありませんでした。特に大学で働いていた頃は、昼は診療、夜は当直、さらにその合間を縫って研究に走りまわっていて「忙しい忙しい」が口癖でした。

たまたま、遅くまで開いている居酒屋に寄った時のことです。

会話上手な店長と盛り上がり、「最近仕事がずっと忙しくて、遊びにも行けないんですよ」という話になりました。

「旅行に行ったりしたいんですけどね。研究でネズミを飼ってるから、その世話があってなかなか長期間休みが取れないんです」

「じゃあ旅行に行く代わりに、その分うちの店で楽しんでってくださいよ。北海道のウニとか、松坂牛とか日本中の食材を入れてますし、料理にもこだわってます。旅行気分でどうですか」

そこで、はたと私は気づきました。

今この居酒屋に入った時、自分は食事からエネルギーやビタミンのような栄養を補給するつもりだった。最近当直中のカップラーメンとかおにぎりとか、ろくなものを食べてなかったから。

でも栄養を取るだけなら、家で栄養補助剤を飲んでいてもいい。それで十分に栄養は足りるな。わざわざ居酒屋に行ったり、外食するのは栄養やカロリーを補給しているんじゃないんだ。おいしいものを食べて、いろんな人と話をして、違う世界に触れて、リラックスするためなんだ、ということに気がつきました。

同じ「食事」という行為でも、何も考えずにさっさと食べ終わってしまうのと、「このカニは北海道産かな、いやロシア産かな、そういえば前に札幌で食べた寿司はおいしかった、接待だったけど」などと考え、「次はいつ北海道に行けるかな」と気持ちをリラックスさせながら食べるのでは、同じ三〇分でもぐっと違ってきます。

もうひとつ別の例を出しましょう。

医療ドラマや映画のシーンで、手術前に医師たちが手術着で集まっているシーンをごらんになったことがあると思います。患者が入室してくる前、医師たちは手術ゾーン内の控室にいます。以前はタバコの煙がもうもうと立ち込めていましたが、最近は病院全体が禁煙になっているためそんなこともないようです。時には一〇時間以上にも及ぶ手術に入る前、医師は何をしているのでしょうか?

控室でこれから手術する患者のカルテをチェックする、すばやく食事をかきこむといった先生が多いのですが、その中に必ず一人は爪を切っている先生がいます。爪を切っておかないと、非常に薄い外科用の手袋に傷がついてしまうという理由がひとつです。

しかし、私が親しく教えていただいた外科の先生はこんなことを言っていました。

「爪を切るとき、その瞬間は意識が手に集中するだろう。手術に入ったらずっと緊張しないといけないから、その前にわざと『リラックスするぞ』と思うために爪を切ってるんだ」

先ほどの居酒屋での食事と同じように、この先生は、爪を切るという日常動作を意識的にリラックスすることに変えているのです。ジャンプをして高く飛ぶ前にいったんしゃがむのと同じようなことだなとその話を伺いながら感じました。

私たちは、「集中モード」と「リラックスモード」のスイッチを切り替えながら活動を行っています。脳から全身にいきわたる二つの自律神経、興奮を司る交感神経とリラックスさせる副交感神経がその伝令役です。人間の状態はいつもどちらかの神経系がスイッチオン、つまり優位になり、もう片方の神経系はスイッチが切れています。

交感神経については、先に説明しました。危険がきてもパッと反応できるように、集中力を高めるための神経でしたね。

副交感神経はその逆です。集中を弱め、ゆったりした状態を作り出すための神経と言っていいでしょう。副交感系神経のスイッチが入っている、それは敵に襲われる危険が少ない時です。餌を摂取してすばやく消化するために唾液や胃液の分泌が盛んになり、排尿・排便欲求が高まり、体温が低くなります。睡眠に入る時も副交感神経系の作用が高まります。

どうして二つの神経系が存在するのでしょうか？

それは、交感神経系の働きを高めてぐっと集中するためには、むしろ副交感神経系をいったんリラックスする必要があるからです。緊張した状態でずっと継続することはできません。ストレスがかかり続けると心身が疲労してしまいます。

競泳のスタート前を想像してみてください。選手たちは思い思いにストレッチしたり手足をぶらぶらさせています。そうしてスタート時にはぴたりと集中し、交感神経を高めて合図の音に〇・一秒でも早く反応しようとしているのです。

手術前の医師が爪を切るのも同じで、日常的な作業をあえて行い、副交感神経系を優位にしてリラックスし、ストレスを解消しているといえます。

「爪を切る」という日常動作ひとつにしても、自分で意識して行うことによってストレス解消法に変えられます。

「ストレス解消法をいくつ持っていますか?」という質問を講演でするると、男性よりもたいてい女性の方がストレス解消法をたくさん持っています。

日曜日に家族で外出して、子どもの誕生日プレゼントを買い、ランチをするとします。私も含めて、男性諸氏は「面倒くさいな、せっかくの休日に人ごみの中に行くなんて」と思いがちではないでしょうか? でも女性は、せっかく都心まで行くのだからと季節の服を選び、化粧して口紅の色を悩み、全体の印象を考えながらアクセサリーを合わせます。「面倒だからジャージとつっかけでいいや」とデパートに出かける女性はごく少数です。

そうやっておしゃれをしてストレス解消をしている女性に、つい男性は「いつまでやってるんだ、早くしろよ。なんでも一緒だろう」と声をかけてしまったりしますが、これはダメです。せっかくのストレス解消を邪魔すると、今日の晩ごはんが一品少なくなってしまうかもしれませんよ。

もちろん、海外旅行のような大きなイベントもストレス解消になるでしょう。知らない国を訪れて、見たこともなかったような文化に触れて、刺激的なことがたくさんあります。さらに、旅行する前にガイドブックや関連書籍を読んだり言葉の勉強をすること、帰国後

図 27：ストレスを低下させるための
セルフケア

海外旅行から　爪切りまで

はアルバムの整理をしたりお土産話をしたりすることで、多方面から長い期間にわたって楽しみ続けることができます。図27

「たくさんストレス解消法をもつ」ということは、自分の中に、楽しいと感じることとリラックスすると感じることを数多く持っておくということです。入浴が好きな人でも、仕事中にストレスを感じたからといってその場でお風呂に入ることはできません。しかし同じくらい好きなこととしてコーヒーを飲むことはできるでしょう。戦う相手や場所によってゲームキャラクターの武器や技を変えるように、自分のストレス解消法もTPOや自分の状態に合わせて使い分ければいいのです。

ストレスマネジメントもダイバーシティの観

点を持ちましょう。いろいろなものを受け入れて、試してみましょう。さまざまな種類のストレス解消法を持っていることは、あなたの大きな力になります。

行動習慣 8

みんなの脳を成長させよう

いつも部下を気にかける

あなたには「人生の師」「大先輩」というべき人がいますか？

例えば、中学時代や高校時代に塾の先生が非常に親身になってくれる人で、苦手科目の勉強方法を丁寧に指導してくれた。悩み事があるときは遅くまで残って聞いてもらった。おかげで成績が伸びて、最初に考えていたところよりも高いランクの志望校に合格した。

あるいは、入社した時の上司ができる人で、この人みたいになりたいと思って目標にして頑張ってきた。新人の自分が質問に行くと、仕事の進行状況や困っていることについて、忙しい時間を割いて教えてくれた。

誰しも人生の中で、今でも記憶に残っている先輩、若かった頃の自分を導いてくれた存在があると思います。

私は、医師になったばかりの時に教えを受けたとある先生のことが強く記憶に残っています。

医師になるには、医学部で六年の勉強を修了し、国家試験に合格して医師免許をもらいます。この時点で資格としては「医師」ですが、まだ卵から生まれたばかりのヒヨコといった状態です。病気の名前を知っていても、実際に患者さんの診察をして見つけたことはない、薬剤の名前を知っていても投与したことはない、車でいえば路上に出たての若葉マーク、それが研修医です。

病院で働き、たくさんの患者さんの診察や治療にあたって実践を積んで、医師として一人前に成長していくのです。もちろん、講師や助教クラスの指導医がついて教えてくれますが、若い研修医はとにかく不安でいっぱいです。

私も自分の担当患者さんが急変しないか、見落としはないか、何かもっといい治療方法があるのではないかと心配で、毎晩遅くまで残って仕事をしていました。同期やすぐ上の医師も、自分の当直以外でも助け合ったりして、月の半分以上は家に帰らずに病院に寝泊まりしていました。

研修医たちは皆同じような生活でしたが、中でも「当直室の主」と呼ばれる先輩がいました。下宿にはほとんど帰っていないようで、研修医部屋に下着や本を大量に持ち込んで、古いソファに寝泊まりしていました。

「先生、おられますか?」

「おう田中、どうした? なんか困ることでもあるんか」

私は困ったことがあると、まずその部屋をのぞいて先輩を探しました。

「ちょっと聞いてもいいですか? 先週入院した患者さんのことで」

「ああ、あの人ね。相談に乗るよ。話してみて」

先輩はたいていソファに寝転がって、医局や図書館でコピーしてきた医学論文を読んでいました。医学は日進月歩ですから、いつも英文誌で最新の知識を入れておかなければなりません。新しい病気、治療法、分子生物学的機序、薬理作用、勉強することはいくらでもあります。まだネット環境が十分に整っていない時代でしたので、図書館で文献をコピーするのが最も早く最新知識に触れる方法でした。さらに先輩は自分でも医学研究をしなければいけません。すごく忙しかったと思います。

でも、私たちひよっ子研修医が困って聞きに行くと、必ず相談に乗ってくれました。論文の読み方や調べ方も先輩に教えてもらいました。顔を合わせると、あの患者さんはどうなった? と先輩から聞いてくれました。それによって私はとても大きな安心感を与えてもらっていました。

ある日私が別の病院に当直に行ったとき、夜中に患者さんの容体が悪化しました。自分でやれることはすべて試みましたが、他にできることはないか。誰かに相談したい気持ちでいっぱいでした。どうしよう！

その時頭に浮かんだのが先輩のことでした。もう零時を回っていましたが大慌てで大学の病棟に電話して、研修医室に電話をつないでもらうと、やはり先輩がいました。

「おう田中、当直うまくいってるか？」

「先輩、教えてください！」

「あー、それならまずモニタ見て、点滴をチェックして、血圧はどのくらい？ くすりは何が入ってる？……」

先輩に教えられたことを一語一句メモして、電話を切りました。「またなんかあったら電話してこいよ」と最後に先輩が言ってくれた言葉をお守りにその晩を乗り切り、翌朝出勤してきた主治医に無事つないで当直を終えました。

その後先輩は別の病院に移っていきました。医局には新しい研修医たちが入り、私のところに後輩が質問に来た時、先輩が教えてくれたことの大きさとありがたさに改めて気づかされました。

先輩にも自分の患者さんがいて、自分の仕事があって、自分の研究があったはずです。でもいつ質問しても、嫌な顔をせずに自分の時間を割いて教えてくれました。

私も先輩のことを思い出しながら、できるだけ後輩たちに声をかけるようにしました。困ってることはない？　うまくいってる？　大丈夫？

自分の時間は確かに惜しい。自分のことだけでも精いっぱいなのに他のことまで考えられない。私生活なんて全くありませんでした。お正月やお盆に休んだことなんてありませんでした。しかし気がついたことがあるのです。

「どうしたらいいでしょう？」と疑問をぶつけられることで、自分の中でそのことを考え直し、自分の考えをまとめて相手に伝わるように話す。最新の知見、より正確性の高いデータ、自分の考えを含めてすべての状況を明確にし、考え直す、より真実に近づく作業をしているのだということです。ようやくわかったのです。質問をされることで、自分も一緒に成長するのだという事実に。

医学という共通の目標の前には先輩も後輩もなく平等であり、共に真理を追究する仲間であるということ。他人と一緒に考えるからこそ、成長するだけではなく真理に近づいていくのだと悟ったからです。

大切なことは、人と話し合うことによって生まれてきます。


部下の立場で、上司から気遣ってもらうとどう思いますか？

見ていてくれる、心配してくれているんだな、という安心感。

頑張ります、という前向きさ。

この上司とならうまくいきそう、という希望。


人と人の信頼関係が大切です。特に上司と部下、先輩と後輩というのは、信頼関係から生まれるものではないでしょうか。

どう？　大丈夫？　の一言から、人間関係やチームワークが始まる。

決して難しいものではありません。


人と人の絆とは、簡単で短い声かけからはじまるのです。

私は大阪の出身ですが、大阪のおばちゃんは実によくしゃべります。

実家に帰るべくローカル電車に揺られていると、結構な頻度で隣の席に座った知らない女性から声を掛けられます。

「兄ちゃん、これ食べへんか。うちの隣が菓子屋やねん、安もんやけどうまいで」

自分の手提げバッグから飴を一個出して、私にくれました。

「ところで兄ちゃん、どこまで行くん」

「○○駅、実家に帰るところですわ」

「そうか、あんた親孝行やな」

年はいくつや。結婚はしてんのか。子どもはおるか。仕事は何してるん。なんでこんな昼間っから電車に乗ってるん（当直明けやから。ほっといて！）

おばちゃんは、別に何かの勧誘のような目的があるわけではありません。たまたま隣に座った若者の人生を知りたくて、知ったらつい心配してしまうのです。

飴一個で人の心に分け入っていく。たいしたものです。

気にかける、心配してくれるというのは、人の心にフックする。

それほど効果があることと言えます。

花には水を、部下には注目を　ホーソン効果

突然ですが、皆さんが工場を経営しているとしましょう。

製品を生産するために、工場には照明として電灯がついています。

電灯は電気代を食います。経費削減のためできるだけ電気代を抑えたいところですが、暗くしすぎると作業効率が低下して生産スピードが落ちてしまいます。

「もっと照明が明るかったら、どんどん生産できるのに！」と労働者からは文句の声が上がっています。

皆さんでしたら、どのような手段を用いて電気代削減と生産性向上を両立させますか？

この命題に取り組んだ研究者がいます。研究者は科学的経営を実証するために「照明が明るい方が、作業効率が上昇する」という仮説を立てました。

シカゴ近郊の大工場で五年半以上にわたって実験が行われ、その工場の名前をとって「ホーソン実験」と呼ばれています。

実験では、ある製品を生産する時の作業環境として照度を、生産性として時間当たりの生産個数を測定しました。

まず第一の条件設定として、照明をいつもより明るくしました。するといつもより生産性が上昇しました。仮説で予測した通りです。研究者は喜びました。

しかし、逆の条件も証明しなければなりません。第二の条件設定として、研究者は照明をいつもより暗くしました。生産性が落ちるはずです。

「……あれ？」

研究者は出てきた結果を見て、目を疑いました。照明を落とした時も、いつもより生産性が低下していなかったのです。

照明を明るくした時も、逆に暗くした時も、普段よりは生産性が上昇する。なぜだろう？

今度は、逆の立場から考えてみましょう。

労働者が働いています。ある日研究者だと名乗る人物が現れて、あなたの時間当たりの生産個数を測定させてくれと頼んできます。普段は顔を見せないような工場のお偉いさんもしょっちゅう作業を見に来ますし、昼食の時には同僚から冷やかされて、照れくさいような誇らしいような。今俺は注目されてるんだ、もっと頑張らなくちゃ。

照明の明るさに関係なく、作業効率を測定された労働者がこのような心理状態になったのではないかと推測されます。

結局、研究者は実験結果について「工場の幹部や同僚の関心を集める中で実験したため、作業者が注目されているという意識で生産性を高めた」と結論しています。

この実験結果は「ホーソン効果」と呼ばれています。

生産性には、作業環境の条件だけでなく、作業者である人間が潜在的に持つ心理状態も大きく関与している

ということを証明した実験となりました。ただし、作業効率を測定することはなかなか難しいものです。

「実験」や「調査」を行うことが、調査される側を鼓舞したり、逆に心理的な威圧を与えることもあります。

「注目されたので緊張して委縮してしまった」というタイプの人もいるでしょう。

先ほどのホーソン実験も一九二〇年代に行われたものですので、現在の視点からは科学的に不十分なところがあります。産業医学的にいえば、明るすぎたり暗すぎる照度は作業者の視力に影響を与えてしまいます。そして長期に考えると労働者の健康を害してしまい生産性そのものを落としてしまうことにつながります。その点は注意しておく必要があります。


人間は機械ではありません。新しいものには好奇心を示し、他から注目されることを好み、違った扱いを受けると喜ぶ生き物です。

心を持っていますから、一見すると非合理的に見える動きをしたり、目的に従った最短行動をとらなかったりすることもあります。

しかし、心があるからこそ、時に自分の実力以上の成果を残すこともできます。

ホーソン実験では当初、労働者個人の能力差が成果の差に表れると予想されていました。しかし、その予想は覆されました。時間当たりの成果の差は、労働者の能力差とさほど関連していないということがわかったのです。能力からいえばもっと生産性をあげられるはずの労働者が、条件によっては自ら労働量を制限して成果を出していなかったことすらありました。
この実験から、
人は、本気になると、本人の能力いかんに関わらず作業効率が上がることが示されました。注目を浴びて「頑張ろう！」と思ったことが、作業員のやる気と責任感を引き出し、時間当たりの生産量を高めたのです。

現代の会社や組織においてもホーソン効果を活用することが可能です。

例えば、新規プロジェクトのために社内で特別チームを編成するとします。

「うちの部署からは君に行ってもらうことになったから」と若手社員を推薦する。ちょっとまだ早いかなと思っても、「メンバーに選抜された」ということで、選ばれた本人は奮い立ちます。プロジェクトに必要な知識を自ら勉強したり、社内でネットワークを形成したり、大きな成長につながっていきます。

そして、選ぶ方にも心理的な効果が働きます。自分が選択した社員には責任を感じますから、成果を上げるかどうか注目して見守るようになります。特別チームを選抜することそのものが、上司のモティベーションもあげて、選ぶ方と選ばれる方で双方の絆が強くなります。

注目されることの効用として、次のような例もあります。

私が産業医として勤務している会社では、廊下によくポスターが貼ってあります。

「今週の安全標語　優秀作　○○さん」

「職場小集団活動の成果　□班」

「営業売上　目標達成おめでとう‼　△△チーム」

どこにでもある風景のようですが、貼り出された本人はとても嬉しいものです。

「自分の名前が認められること」「特別扱いされること」で自己顕示欲を満たされると、快感や幸福感を感じて報酬系が回り、また頑張ろうと思う意欲が湧いてきます。


花には水を、部下には愛ある注目を。

「人を頑張らせる」ために。ホーソン実験が語る教訓はシンプルです。

学ぶ気持ちを創り出す

あなたにとってのやる気の源は何ですか？

働く気持ちはどこからどうやって生まれていますか？

「やる気」は「心を動かせる」ということで、動かすもの、モティベーションと呼ばれます。

モティベーション、「やる気の素」は、本当に存在しています。

私は、精神科医、つまり人の心を動かすプロとして、企業内で皆のモティベーションを上げる講演をすることがあります。

「先生、なんで皆働く気にならないんでしょうね。仕事じゃないですか。そんなの、会社が考えてやらなきゃいけないんですか」

「働くのはあたりまえだと思うんですがね。これも時代で、うちの会社でも考えなきゃいけないんですかね」

こんなことを人事総務担当や、管理監督者の方からよくお聞きします。

なぜ、こんな愚痴がきかれるようになったのでしょうか。


ちょっと昔、高度経済成長期には、働くことはあたりまえでした。皆が家族を養うこと、お金を稼いで食べることに一生懸命でした。

食べることすら苦しかった時代には食べることが生きることなので、食べることに精いっぱいになっていたのです。当然ですよね。

高度経済成長期にはあたりまえだったこと、それが今は崩れています。

働かなくても、家で親が養ってくれるようになった。働かないと食べていけないということがなくなった。食べていくことが働くモティベーションにならなくなった。だから、働くモティベーションを、食べる以外の別の面に求めることが重要になってきたのです。

企業の業績を上げるために、一人ひとりがどういうふうにしたら目一杯頑張れるかを真剣に考える時代になっています。

技術の部分では差をつけるため、自分たちの組織を勝ち組にしていくために、人の部分でパワーアップしていく時代になったのです。

食うことに必死だった時代からはるかに社会が成熟し、素晴らしい成長である半面で、問題も生じてきたといえるでしょう。

人の心に響くということ、顧客の心だけではなく、自分の会社の社員の心にも響くことが大切です。

私は多くの企業にお伺いしていますが、その中で「素晴らしい組織だな」「いい企業だな」と感じるところは、やはり一人ひとりの社員さんが「よく練られている」、誰もが自分のモティベーションをしっかり持っておられると感じます。だからこそ、良い製品を作り出し、顧客の心に届くサービスができるのだと思います。

講演でこういう話をすると、会場から「社員のことをそこまで考えてもらえるなんて、その会社で働く人は幸せでしょうね」という声が上がることがあります。うちではなかなかそこまでいきませんとため息をつかれるのです。でも、そこまで社員のことを考えるからこそ、企業としての生産性が上がっているのではないでしょうか。

もう一度、元に戻りましょう。

働く気持ちは、どこから生まれていますか？

この質問に対して、いろいろな回答があります。

家族のため、生活のために。生きていくにはお金が必要だから。

昇進するため。社会的地位が上がるため。

社会保険などの福利厚生を重要視する方もおられます。特に海外では医療保険制度が不完全ですから、会社によって保険がかなり違います。

ノルマがあるから。

上司に怒られるのが怖いから。売上をあげないと罰則があるから、という人もいるでしょう。


実はこれらの意見には、共通点があります。

それは外から与えられることが可能だということです。金銭的報酬や社内での昇進、社会的地位などは自分の外側から与えられるものです。

保険などの福利厚生も、企業や社会から用意される、外側からの要因です。

ノルマや罰則は、マイナス方向の要因として外部から強制されるものですね。

これらを一言でまとめるとアメとムチということができると思います。

プラス方向にはアメ、マイナス方向にはムチ。どちらも人を直接頑張らせることができる、外からの調節因子となるものです。

アメとムチは、モティベーションの外発的要因で、「外発的動機づけ」と呼びます。

自分が成長する時、プラス方向の動機づけであるアメは非常に手っ取り早く効果を発揮します。

例えば、お金がこれだけ儲かるから頑張ろう。昇進試験に向けて頑張ろう。売上が上がったらインセンティブでこれだけ給料が上がるから頑張ろう。

成果が見えやすく、やる方も楽しく、モティベーションが上がります。

逆に、マイナス方向の動機付けであるムチも手っ取り早く効果を発揮します。

例えば、仕事の締切に間に合わないと大変なことになってしまう。納期が遅れると会社に大損害を与える。レストランのウェイターが皿を割ったら罰金をとられる。

これはこれで、誰でも人間は嫌な思いをしたくないために、モティベーションを上げて頑張り、ムチの効果が発揮されます。

上司は部下に、親は子どもに、教師は生徒にと、さまざまな関係の中でアメとムチが使い分けられて成長を促しています。

しかし、自分自身がモティベーションを上げることももちろん可能です。

「この仕事が終わったら、彼女とゆっくり遊びに行こう。来週の日曜日までになんとか片づけてしまおう。できてなかったら休日出勤してやらないといけない」

これは、「デート」というアメと「休日出勤」というムチを同時に設定しています。締切を設定するというのは、自分にムチを入れ追い込んでいるのと同じですし、ごほうびをあげたりほめるというのは自分にアメをあげているということです。アメとムチを上手に使い分けているということですね。

勉強する時、仕事をする時に、自分のモティベーションをあげる外発的要因として、アメとムチを用意しましょう。

あなたにとっていちばん嬉しいこと、いちばん嫌なことは、あなた自身が最もよく知っているはずです。

しかし、私たち人間は弱い存在なので、分かっていてもつい自分にはアメの方を多用してしまい、ムチをふるうのは難しい。

せっかく締切を作って追い込んだのに、まあ明日でもいいか、ここまで頑張ったからできなくてもいいかとつい自分を甘やかしてしまいます。

その甘えをなくすためには、他の人に励ましてもらったり、怒ってもらったりすることも有効です。

例えば、受験生が一人で勉強しているとなかなか思うように進みません。そこで家庭教師をつけて、宿題として苦手な教科を強制されたり、得意な教科でいい点を取ったらほめてもらう。そうしないと、人間は弱いので、自分一人ではなかなか頑張れないのです。

どうして、人間はマイナスの外発的要因を嫌うのでしょうか。


私たちの脳は、気持ちいいことを報酬として求めるようにできています。

叱られるということは気持ちよくありませんので、報酬系が回りません。本来ならば「自分のために叱ってくれた」と感謝しなければなりませんが、なかなかそこまでできた人間でいることは難しく、「諫言耳に痛し」と昔から言われる通りです。諫言を受けても嬉しくありませんので、報酬と感じずに嫌ってしまうのです。だからこそ、諫言を受けても受け止められるように、自分の中に小さな異質を育てておく。物事をさまざまな視点から見るということが大切です。

アメとムチを上手に使いこなせる上司は、「部下を上手に育てる」として評判になる人です。さらに大きい視点でいえば、リーダーや社長がアメとムチを使い分けることができる組織が、企業全体で勝ち組になるのです。

モティベーションを起こさせるのは、アメとムチだけではありません。

二〇〇一年、アメリカで同時多発テロが起きて二七〇〇名あまりの尊い命が失われました。

この中には救命活動を行った三四三名の消防士が含まれています。航空機が突っ込んでしまった世界貿易センタービルに駆けつけて、自分の命を顧みずにビルにいた人たちの命を救おうとしたNew York Fireman Departmentの方々です。星条旗を掲げて一人でも多くの命を助けようと戦いました。テロの後、消防士の行為に感動した人の輪が広がり、彼らを記憶し応援するためにＮＹＦＤモデルの服が流行したということです。消防士を志願する人も大幅に増加したそうです。

しかし、ちょっと考えてみてください。

消防士たちは、どうして自分の命を賭けて人の命を救ったのでしょうか。

金銭的報酬？　いいえ、違います。

自分が死んでしまえば、いくら金銭を受け取っても無意味でしょう。

もし、人間が「生存すること」を最上の価値としてプログラムされた機械であれば、自分が死んでしまう可能性がある行動は、何があっても避けるでしょう。

私たちはそのような機械ではありません。心を持ち、他人を信じ、人のために役に立ちたいと思う生き物です。

心が動き、命を賭けてでも人の役に立とうとすることができるのです。

お金のためではなく、一見不合理に思えるようなことでも、人間は心が動かされれば可能になります。

テロの現場に駆けつけたＮＹＦＤ消防士の胸には、人を助けたいという自分たちの使命があったのだと思います。

仕事への誇り。社会への、人類への貢献が、彼らをそこに導いた。

人間には、アメとムチだけではない、内側から湧きあがる、燃えるような働く心、モティベーションを持っています。

私の中でモティベーションの重要性に初めて気づいたのは、研修医の時です。

精神科の病棟で私が受け持ちになった患者さんが非常に難しい病気で、長い間入院していてもなかなか治りませんでした。患者さん本人も、面会に来られる家族も、受け持ちの看護師も、皆が疲れてしまって、もう治らないいんじゃないかと思ってしまいそうになった瞬間がありました。

主治医として私も悩み、患者さんの辛そうな姿を見て苦しくなり、方向性を見失い、どうしていいか分からなくなってしまった時でした。私の指導をしてくださっていた師匠ともいうべき先生が、深夜の医局で私にこう話してくれました。

「頑張ろう。君が患者さんを何とかして治療したい、患者さんに治ってほしいと思うことが医療チームのメンバーに伝わって、そして患者さんが治っていくんだ。思いは伝わる。だから頑張ろう」

その言葉を聞いて、私は心の中でもう一回火がついたような気がしました。

自分は何をあきらめようとしていたんだろう。患者さんが治ること、もう一度笑顔で生活すること、会社で働くこと、子どもと遊ぶこと、それらを取り戻すために入院してもらっているのに。どうにかして、それをやってみよう。

私の中で、モティベーションが湧きあがった瞬間でした。

翌日、私は病棟に向かい、もう一度治療に新しい気持ちで取り組むつもりであるということを看護師さんたちチームメンバーに話しました。昨日、師匠の先生に教えていただいた言葉は、私を通してチーム全体に広がり、火をつけ、チームが一丸となりました。

その後さらにいくつかの治療を試し、数カ月を経て、その患者さんは無事退院していきました。今では会社に復帰して、新しいプロジェクトに取り組んでいます。

もうひとつ例を出しましょう。

気管支ぜんそくが悪化して、禁煙を勧められていた患者さんがいました。若い頃から大変なヘビースモーカーでしたが、成人になってぜんそくになってしまったのです。タバコを吸うとぜんそくが悪化し、会社を休んで上司から叱られる。ぜんそくのせいで夜眠れない、階段を上ると息切れするなどひどい状態なのに、どうしてもタバコがやめられないのです。私も何度も禁煙を指導するべく説得にかかりました。

「そんなに吸ってると、肺がんや喉頭がんになりますよ。忌野清志郎はタバコの吸いすぎもあって喉頭がんになって五十八歳で亡くなったんですよ」

「そうですねえ、先生。そんなことは分かってます」

「タバコの箱に『あなたの健康を害することがあります』って書いてあるでしょう。こんな物は毒ですよ」

「そうは言っても、やめられないですよ。これだけが楽しみなんですから」

患者さんはいつもがんとして「タバコをやめる」と言いませんでした。

自分の命がかかっていても、脅されても、なかなか人は自分の意見を変えるものではありません。他人の意見、特に自分にとって嫌なことを受け入れるのはとても難しいことです。させられ感を人は嫌います。

しかし、自分の中で『腑に落ちる』、モティベーションが湧けば、ころりと意見を変えることがあります。

先ほどの方は、ある日しゃらっとした顔で私に話してくれました。

「先生、禁煙しました。もう一カ月続いています」

「えっ、すごいじゃないですか！　何があったんですか」

「実は、女房が妊娠したんです。はじめての子どもです。これを機会に禁煙することにしました」

自分の体のことより、子どもへの愛情の方が強いモティベーションになったという例でした。

モティベーションを起こさせるのは、外部からの動機づけだけではありません。仕事に対する好奇心。新しいことをやってみようという挑戦。仕事をやってよかったという達成感。そして成長などです。

これらの要因のことをモティベーションの内発的要因、内発的動機づけと呼んでいます。

内発的動機づけは、人の内側から湧きあがってくるような、仕事をしたい、働きたいという気持ちですね。図28
内発的動機づけを証明した研究としてよく知られているものがあります。

大学生を集めて二群に分け、全く同じ単純作業をしてもらいます。非常につまらない単純作業です。

一方の群には高い時給を支払い、もう一方の群には安い時給しか支払いません。

図 28：モチベーションを左右するもの

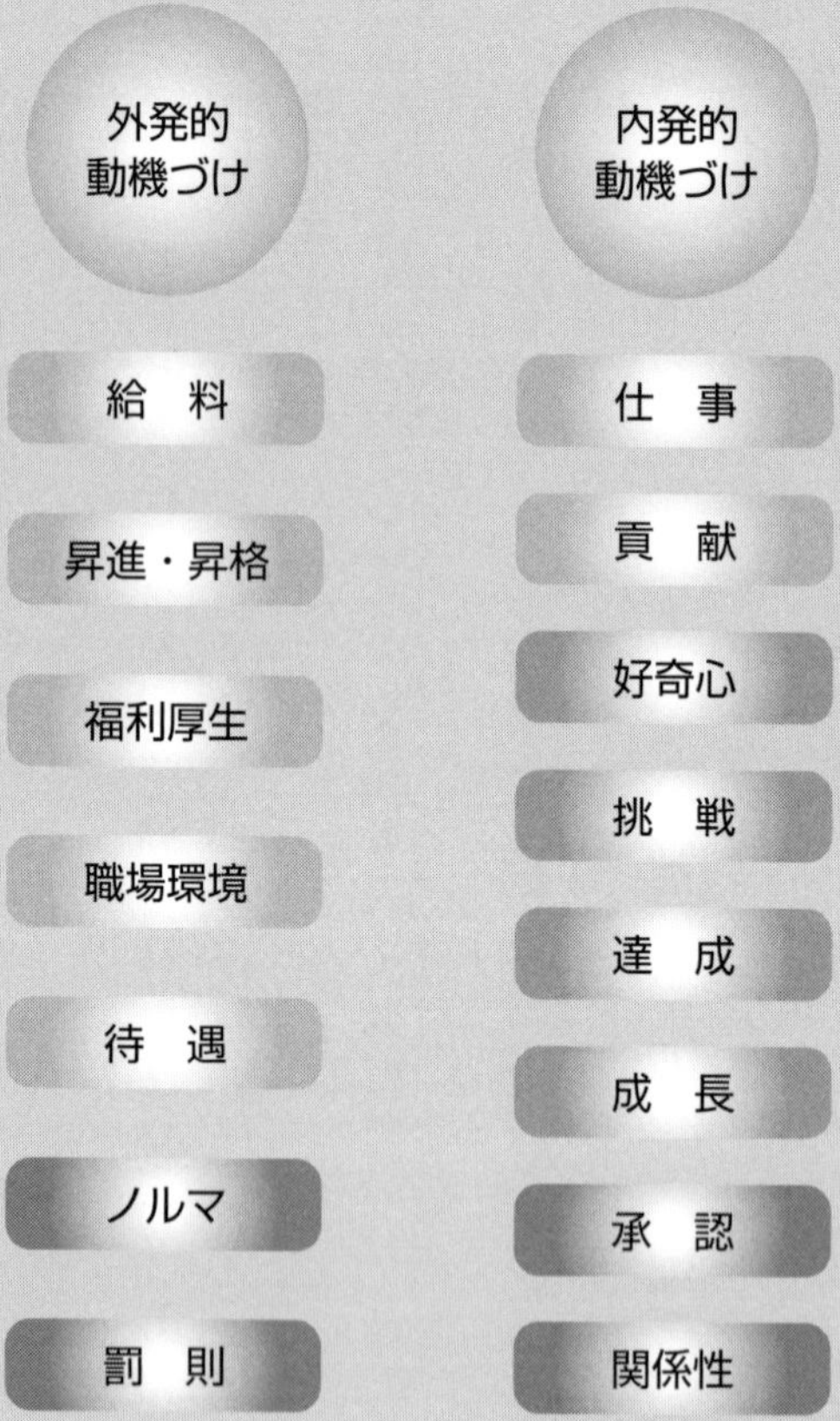

しばらく時間が経過した後、研究に参加した学生たちは、どんな感想をもったでしょうか?

普通に考えたら、高い時給をもらった学生の方が喜び、安い時給しかもらえなかった学生は不満を持つはずです。

ところが、なんと全く反対の結果になったのです。

高い時給を支払われた群では、「やっぱりこんなにつまらない仕事だから高い時給なんだ、もうしたくない」と思いました。

安い時給を支払われた群では、「この仕事は時給が安かった。むしろこの仕事はボランティアみたいなもので、何か他の意義が大きかったんだろう。また参加しよう」と思うようになったということです。

実は、人間の行動では、外発的動機づけよりも、内発的動機づけの方が強いモティベーションを起こさせるということが分かりました。

人はやはり、金銭のためだけに働いているわけではありません。

ただし、「衣食足りて礼節を知る」と言われるように、ぎりぎりの生活では金銭的欲求が先に立ちます。食欲などの基本的欲求を満たして、その上でモティベーションを起こさせるものは何か？　ということです。

今の時代は、働く人にとって、金銭的欲求を超えたモティベーションが必要とされています。今の時代に合致した企業組織運営が必要とされており、運営に当たる経営者層や管理監督者は、人の心を知って報酬を用意することが重要です。

アメとムチ、外発的要因と内発的要因は、人間を頑張らせ、働かせることができます。しかしそれだけで引き出せるものではありません。その先、本気になるところは人の心の奥にあるモティベーションです。

今の時代は豊かになっているので、今の時代に生きている今の方々を考えた組織運営、人という最も貴重な会社の財産をより大きくより成長に導くことが大切です。

人材を「人財」に変えることができるのは上司だけです。部下を育てることで、上司も育っていきます。

親セミの親心

モティベーションが心に火をつけるということについて見てきました。

あなたにも、自分の心に火がつくという経験をしたことがきっとあると思います。

では心に火がつくことを、意識したことがありますか?


それは車のエンジンと同じです。イグニッションキーを回して、エンジンに着火して、ピストンが動き出して、そして車が動くようになる。


人の心も、キーとなるポイントがあって、心のエンジンに着火して、頭が回転しはじめ、そして作業効率が上がっていきます。

子どもの頃、勉強しはじめるまでに時間がかかってしまった経験はありませんか?

試験前だから絶対に机に向かわないといけないと分かっているのに、つい漫画を読んでしまう。

あるいは、締切が迫っているのに、どうしてもその仕事に取り掛かるのが嫌で、だらだらルーティンワークをしたりして先延ばししてしまう。

これは、心のエンジンになかなか火が付いていない状態です。

自分で自分に火を付ける方法を知っていると、すぐに火がついて仕事や勉強がはかどります。

先ほど、人間のモティベーションを起こさせるのは、外発的動機づけと内発的動機づけだということを説明しました。

アメとムチですね。その中から、着火しやすそうなものを探しましょう。

時間軸を過去方向に戻っていきながら、着火点を考えてください。

どの要因にもあてはまるのですが、例えば「給料」という外発的要因を考えてみましょう。

給料がどうして人間のモティベーションをあげる要因たり得るようになったのでしょうか？

私たち人間は、狩猟や農耕を行って餌をとっていました。古来は自分の食料を自分で得なければいけませんでした。しかし、労働がだんだん複雑になるにつれて、物々交換をするようになり、さらには労働の対価として金銭をやり取りするようになりました。

自分や家族が食べるため、生きていくためには餌が必要です。その餌を手に入れる金銭を得るために働く。

生きるために、労働対価として給料が必要である。

金銭を着火点にする場合には、生きるために必要だからと考えるのが着火点になりそうです。

心になかなか火がつかない時、もう一度ゼロベースで元に戻ればよいのです。もう一度金銭的報酬を得る意味を考える。「生きるために必要だ。だから頑張ろう」と。

一方でこの心のエンジンが動き続けるためには、火を燃やし続ける必要があります。

食事に困らなくなり、家があり、それでいいや、となってしまえば、新たなモティベーションは生まれません。

時間軸を未来方向に向けて考えることが必要です。

生きるためには給料が必要で、給料をもらい続けるためにはどうしたらいいのか？　金銭的報酬が手に入り続けるとどうなるのか？

給料をもらい続けるから、経済的に安定する。家族を養って、子どもを作ることができる。生きるためのカロリーを補給する食事だけではなく、おいしいものを食べよう。いい家に住んで、大きいＴＶやパソコンを買おう。旅行や遊びにも行こう。

心を動かし続けるには、着火するだけではなく持続的に火を燃やすための燃料も必要です。

同じモティベーションの要因を着火点にも燃料にも使い続けることができるのです。

今度は、内発的動機づけである「好奇心」を例に取ってみましょう。

好奇心があると、人間として生きていく上で有利に働きますので、人には生存本能の一部として好奇心が備わっています。

また時間軸をさかのぼって、着火点として使えるところはないか探してみましょう。

この仕事に好奇心を感じてやってみようと思ったのはどうしてだったのでしょうか？

この仕事のどこが面白いと感じたのでしょうか？

「新しいものを見て、新しいことを経験して、ワクワクし続けよう」「目の前で新たな感動が生まれる瞬間を経験しよう」


好奇心を着火点として探すのです。


次に時間軸を進めて、燃料として使ってみましょう。

この仕事を続けていくと、どう面白くなりそうですか？

もっと仕事について分かってくると、どんな展開があなたを待っていますか？

「この仕事を続けていくと自分はどうなるんだろう？」「この先に何が待っているんだろう？」

好奇心を燃料補給に使う、未来を予想しての燃料補給です。


モティベーションの着火点と燃料補給を、常に自分で意識して考えることが大切です。

外発的動機づけには、給料、昇進昇格、福利厚生、職場環境、待遇、ノルマ、罰則があります。

これは、アメとムチを覚えておいて、どちらにあてはまるか考えていけば自然に出てきます。

着火点と燃料補給をいつも探し続けましょう。

内発的動機づけには、好奇心、挑戦、仕事、貢献、達成、成長、承認、関係性があります。

こちらはちょっと覚えにくい。

覚えにくいものを覚えるときは、タグをつけて覚えましょう。

「親セミの親心」と覚えてください。

セミは、はかない命の昆虫として知られています。数年、時には数十年以上を幼虫としてじっと地中で過ごし、地上に出て成虫になると、交尾して数日でその命を終えてしまう。人生のハイライトが子孫を残すことだといってもいいでしょう。どうしてそんな親セミとモティベーションが関係するのでしょうか。

それは、次のように内発的動機づけの項目をまとめることができるからです。

お（面白さ）：　好奇心、挑戦
や（やりがい）：仕事、貢献
せ（成長）：達成、成長
み（認め）：承認、関係性　図29

この四つの要件の頭文字をとって、お・や・せ・み、と覚えましょう。

今、自分は仕事に対して面白さを感じているか。毎日好奇心を刺激されているか。常に新しいことへのチャレンジがあるか。

仕事へのやりがいはどうか。他人や社会への貢献はできているか。

この仕事を通じて、達成感を感じているか。どんな小さなことでもいいので、自分を成長させているか。

仕事をすることで、周囲から認められているか。関係性を深めることができているか。自分を認めることができるか。

これを問いかけていくと、「ここはできている、楽しい！」というところと、「ここはま

図 29：motivation 表

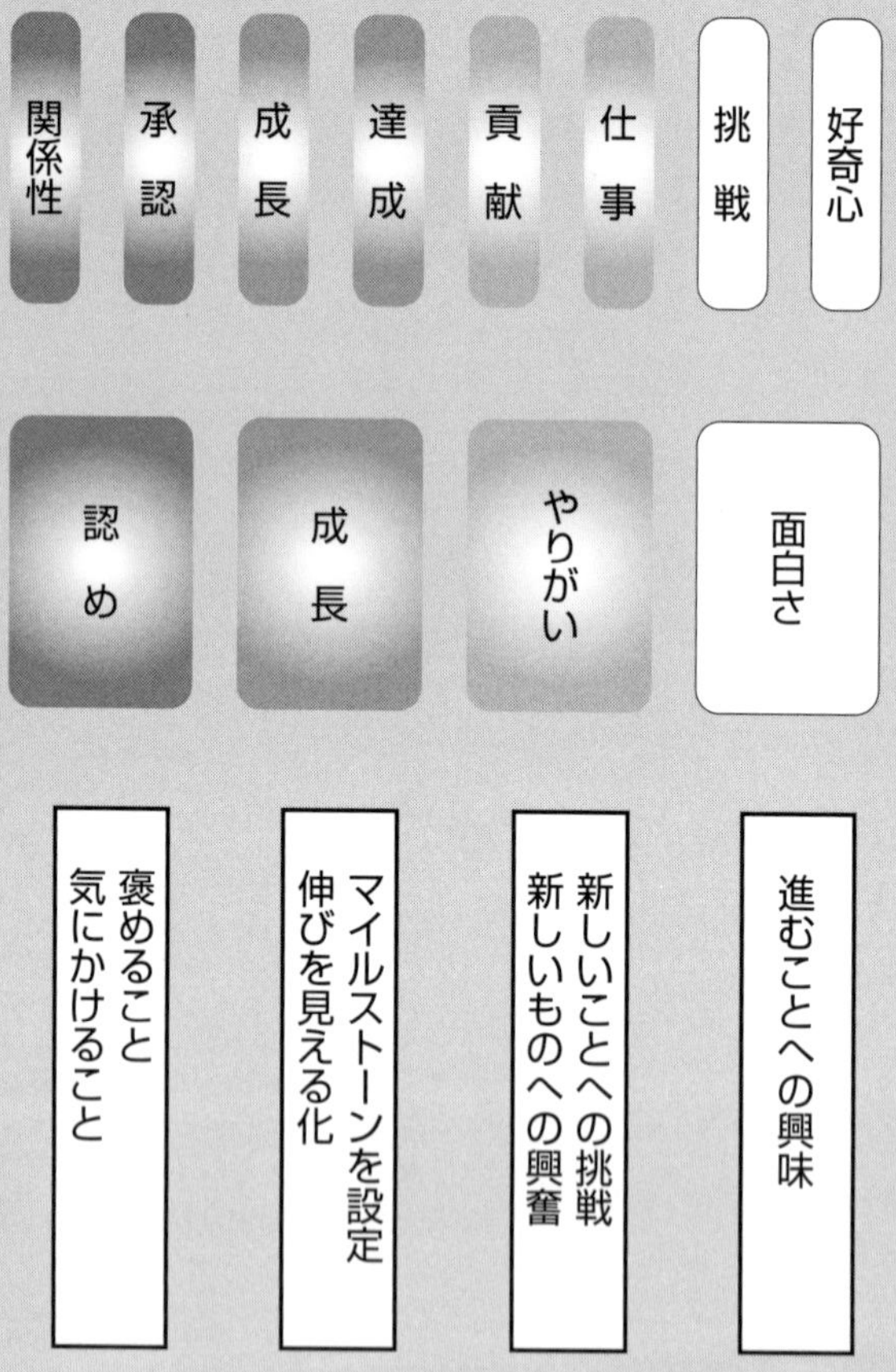

だまだ……」と思うところがあるはずです。

今、モティベーションに火が付いていてうまく仕事が走っているところには燃料を足しましょう。

モティベーションが低下してしまっているところは、着火点を探しましょう。どんな人にも、必ず火がつく部分があります。着火させることができます。

着火することを利用して、自分をモティベートしていきましょう。自分のどこを刺激すると着火しやすいのか、どこはまだまだ動きにくいのか、知っておくことが大切です。ぜひ、「お・や・せ・み」を覚えてください。

部下や後輩、子どもにもこの「親セミの親心」は有効です。

例えば、部下に仕事のおもしろさを語り、好奇心をかきたてる。

社会的貢献という面から、やりがいを引き出す。

部下の成長をほめる。去年できなかったことができるようになった。仕事を通じて大きくなった。

「信頼しているぞ」という承認の一言が、部下にとって嬉しい。

もちろん、アメばかりではなくムチも必要です。しかし、ほんのちょっと親セミを利かせることで、相手の心に火がつきます。同じ人間ですから。

自分の心と同じ、人の心にも火がつきます。これが上手な上司が「人を育てる」上司です。

「うちの会社は景気が悪くて、なかなか給料が上がらないし、福利厚生は少ないし、ポストは空いてないし……上司としては撃つ弾がないもの。そんなにうまくいかないよ」と思いがちです。

しかし、働くモティベーションを生みだすのは、金銭的報酬のような物理的なものだけではありません。

現場の上司がおいそれと給料を上げることはできませんが、絆を強く形成し、別の内発的報酬を生みだすことは上司だからこそできることなのです。むしろ、

外発的動機づけは内発的動機づけに比べて弱いことを思い出してください。人間は誰で

も成長したいと思っています。成長したいという欲求に着火することもできるのです。人はモティベーションエンジンさえ回れば簡単に変わることができるのです。

会社の中でも、「最近、あの部署だけがバリバリ成果を叩き出している」と言われる部門があると思います。でも、その部署の人が給料を四倍もらっているわけではありません。上司に人に対する深い人間理解があり、内発的報酬をうまく回すことによって、強いチームを作り出しているのです。強いチームを作り、そのことがまたその部署の人の幸せにつながる。素敵なことですよね。それを企業全体で行っているのが「勝ち組」と呼ばれている企業です。

「この上司と一緒に仕事ができて良かった」

「上司のおかげで、たくさんのことを学んだ。自分が大きく成長できた」

「今の自分があるのは、あの部署にいたから」

いつか、みんなからこう言われるような上司になってみたいと思いませんか?

部下のやりがいを創り出す　ミッション創設

私たちは毎日働いています。一日八時間、二〇日働いて月一六〇時間。大卒で入社して六十歳の定年まで三八年、合計で七万二九六〇時間。これに残業、休日出勤、出張その他を加算すると生涯で一〇万時間を超えるような莫大な時間になります。

前項でみてきたように、私たちのモティベーションを上げるのはさまざまな要因です。その中でも、

「目標を達成する」という任務や使命はミッションと呼ばれます。

スパイ映画で最初に「諸君に次のミッションを授ける」と出てくるあれです。

ミッションは三つの要素から構成されています。

1. 到達するべき目標があること
2. 目標に向かって進む行動があること
3. 目標や行動が、他から求められていること

私たち医師の仕事はよく「やりがいがあっていいですね」と言われます。それはミッションが「患者さんの生命や生活を救うこと」と非常に明確だからです。

私が医師になったばかりの頃、ずいぶん年上の先輩医師からこんな話を聞かせてもらいました。

その先生は肺や気管支などの呼吸器内科が専門で、特に結核を治療しておられました。当時は結核と言えば死の病で、発症者はサナトリウムと呼ばれる専門病棟に隔離されていました。石川啄木、正岡子規などの才能ある歴史上の人物も結核で命を落としています。

そんな時代に結核病棟で勤務していた先生のところに、結核の患者さんが次々と運び込まれていました。結核という病気は、結核菌が肺をはじめ全身に広がり、最終的には肺を食い荒らして出血させ、血を吐いて亡くなる病気です。現在は結核菌を死滅させる抗生物質があり、肺の機能が落ちた時には人工呼吸器で治療を行うことができますが、当時は抗生物質も人工呼吸器もありません。病院で安静にさせ、栄養を与えて本人の体力をつける

しかなかったのです。

といっても患者さんはどんどん衰弱していき、やがて呼吸が苦しくなってきます。

「先生息ができない、苦しい、なんとかして」

医師の数も少なく、若かった先生はほとんど家に帰らずに毎晩病院に泊まり込み、一晩中黙々と手動で酸素を送り込んでいたそうです。マスクに酸素を送るためには、ゴムでできた固い袋を片手で握りつぶすようにもまなければなりません。三〇分もすれば手がパンパンに疲れてきます。

そうしてほとんど寝ずに朝を迎え、朝からまた新しい患者さんを受け入れる、毎日がその繰り返しだったということでした。


この話をしてもらった時、医師になりたてだった私は思わず聞いてしまいました。

「先生、どうしてそんなに頑張れたんですか？　帰らなくて、寝なくて、辛くなかったんですか？」

先生はこう答えてくれました。

そりゃ辛いよ。子どもの顔もろくに見れない。女房が病院に着替えを持ってきて、何も言わずに受付に置いていくんだ。

でも目の前に死にかかっている人が運ばれてきて、もうどうしようもなくて、とにかく毎晩付きっきりで見ていた。昨日まで顔も名前も知らなかった人だけど、自分の病棟に入院した日からは、ずっとその人のために一晩中寝ずにバッグをもんで呼吸を助けていた。因果な仕事だなあってよく仲間の先生と言ってたよ。

きれいごとじゃないよ。でも、目の前に困ってる患者さんがいたら、とにかく何とかしたい。それだけで毎日続けてたんだ。

淡々と、まるでたいしたことではなかったかのように、先生は当時のことを振り返って話してくれました。


私はこの時、自分もこの先生のように働こう。目の前の患者さんの役に立とう。勉強して、自分の知識や経験で困っている人を何とか助けよう、と強く思いました。これこそがまさに使命、ミッションだといえるでしょう。

ミッションは、働く気持ちを一番下から支えているものだと言えます。到達するべき目標、目標へ向かって進む行動、他の誰かから必要とされることは、私たちが働くうえで最

も根源的な理由です。

でも一方で、ミッションを見失ってしまうとどうなるでしょうか?

毎日営業に回っているけど、本当にこの商品は顧客のニーズを満たしているんだろうか?

自分の書いた書類は、会社の中で保管される以外に何かの役に立つんだろうか?

自分のサービスで、値段の分お客様は満足しているんだろうか?

ミッションを見失ってしまうと、働く気持ちそのものが消えてしまいます。「仕事へのやる気」が見えない状態になってしまいます。

「最近の若い子は仕事への意欲がない」と嘆く方も多いですが、複雑になった社会の中で、ミッションが見つけられずにいる、あるいはミッションを持つことさえ知らずにいる若者が多いような気がします。

「仕事に対してやる気が出ないんです」

ある日、二十代の男性がクリニックに来院しました。

コンビニにおにぎりやパンなどを届けるルート配送の仕事に就いている方でした。

「毎日、同じルートを回って商品を搬入するだけ。道が混んでいてちょっとでも遅れると文句を言われるし、コンテナは重い。仲間がいる仕事じゃないし、おまけに給料は安いし、誰にもわかってもらえないんです」

どうしてその仕事を選んだんですか？　と聞いてみると、

「わかりません。どれでもよかったけど、なんとなく」

最初の頃の診察では彼が抱える不安やイライラ、職場での不満の話がほとんどでしたが、彼についてもっと知るために、ルート配送の仕事について毎回少し聞かせてもらいました。

出勤前に商品を買っていく人が多いので、朝の配達は五時半に出勤しなければならないこと。一つの店に立ち寄る時間は一五分程度と決められているため、とにかくてきぱき納品しないといけないこと。歩道や店の入口にお客さんがいると搬入しにくくて困ること。

そうして半年ほど経ったある日、彼がこう話してくれました。

「この間、ＴＶで僕が運んでいる商品のことをやってたんですよ。新製品のシュークリームがすごい人気で、どの店でも搬入してすぐ売り切れるらしいんですよね。なぜかなと思ってたら、アイドルがお気に入りだってブログでほめたかららしいです。僕も大好きなアイドルで、そのシュークリームを運んでる自分が嬉しくなっちゃいました。いつかもしかしたら、僕が運んだシュークリームを、あの子が食べて喜ぶかもしれないと思って」

さっきの先生の話に比べると、ささやかかもしれません。でも彼にとっては初めて自分が見つけたミッションなのです。

ミッションというのは与えられるものではなく、自分で探し出すものです。どんな人でも、どんな仕事でも、誰かの役に立っていることが想像できれば、自己ミッション創設は可能です。

ミッションとは、自分のやる気の源です。やる気の源になっている部分です。

あなたのやる気の源泉は何ですか？

やる気の泉はどこから湧き出していますか？

ピカソの描いた作品で、暗い宮殿の中をさまようミノタウルスを導く少女の絵があります。

自分を見失い、怒れるミノタウルスをそっと導いているのは、少女が持つ一本のろうそくの灯りです。

少女は恐れることなく、暗い中で灯りを掲げてミノタウルスを出口に導いていきます。それが生きる力。最も深いところで支えるやる気の源です。

人生の旅の途中で、ふと悩み、心に病が忍び込んだ時、導き手としての灯りがあればどんなに助かるでしょうか。

私の診察室には、患者さんが座られる椅子の横にこの絵を飾っています。私にとっても、患者さんにとっても、やる気を湧き出させる、小さな灯りとなることを願って。

おわりに

これまで私は、診察室で、企業の中で、病院で、いろいろなことを見て、聞いて、考えてきました。

そしてたどり着いた答えはシンプルです。

「すべては脳のなせる業」

落ち込むのも、楽しむのも、ハイパフォーマンスを上げるのも。

あなたが、あなたの脳を、どのように活用するかにかかっています。

脳を知ることは、人間を知ることです。

二〇〇〇年に入り、巷では一大脳科学ブームが起きました。多くの方々が脳について関心を持ったことは非常に素晴らしいことです。

しかし玉石混交という一面もあり、二〇〇七年には理研ＢＳＩが「脳科学は巷にあふれる胡散臭いハウツー学ではなく、最先端の人間科学であり、脳科学を支えてきたのは他分野との融合、そして革新的な技術開発である」と宣言しています。

私はこの本で、脳について、医学を専門としない方々にもできるだけ分かりやすく知っていただこうと努力しました。その結果として、例外である部分を省かせていただいたり、思いきった言い切りをした部分があることをご容赦いただきたいと思います。データに間違いや嘘があるということは決してないようにしたつもりです。

普段、私たち精神科医が診療の中でお話している秘訣を、この本の中に詰め込むことができました。皆様のお役に立てれば、これ以上の幸せはありません。

最後になりましたが、わが恩師である先生方に感謝の辞をささげたいと思います。

滋賀県の精神科医療をリードし、広く大きな心でいつも支えてくださる、滋賀医科大学精神医学講座教授　山田尚登先生。

睡眠の道をご指導いただきました、滋賀医科大学睡眠学講座教授　大川匡子先生。

研究生活において温かい目でご指導いただきました、広島大学大学院医歯薬学総合研究科精神神経医科学教授　山脇成人先生。

不安障害の奥深さと重要性について教えてくださった、医療法人和楽会　赤坂クリニッ

ク理事長　貝谷久宣先生。

そして、広島大学大学院医歯薬学総合研究科精神神経医科学准教授　森信繁先生。私の人生において、最も多くのことを教えていただいた先生です。医師として精神科に入局して以来、医療のイロハから懇切丁寧にご教授いただきました。実験ではネズミの飼い方、試験管の振り方、そしてお酒の飲み方まで、すべては先生の薫陶の賜物であることを感謝申し上げたい気持ちでいっぱいです。

今まで出会ったすべての患者さま、ご家族、企業の方々。

この本を手に取っていただいた読者のあなたに、厚く御礼申し上げます。

本当にありがとうございました。また、どこかでお会いできることを祈っております。

二〇一〇年三月　医療法人ひつじクリニック理事長　田中　和秀

参考文献

1章「脳が成長する人」は報酬を計算する

Olds J, et.al. Positive reinforcement produced by electrical stimulation of septal area and other regions of rat brain. J Comp Physiol Psychol. 47: 419-427. 1954

Paulus MP. Decision-making dysfunctions in psychiatry—altered homeostatic processing? Science. 318: 602-6. 2007

Diekhof EK, et.al. Functional neuroimaging of reward processing and decision-making: a review of aberrant motivational and affective processing in addiction and mood disorders. Brain Res Rev. 59: 164-84. 2008

Garavan H and Stout JC. Neurocognitive insights into substance abuse. Trends Cogn Sci. 9: 195-201. 2005

Paton JJ, et.al. The primate amygdala represents the positive and negative value of visual stimuli during learning. Nature. 439: 865-70. 2006

2章「脳が成長する人」はその場で記憶する

Bliss TV and Collingridge GL. A synaptic model of memory: long-term potentiation in the hippocampus. Nature 361: 31–39. 1993

Sanes, JR and Lichtman JW. Can molecules explain long-term potentiation? Nat. Neurosci. 2: 597–604. 1999

Nagerl UV, et.al. Bidirectional activity-dependent morphogical plasticity in hippocampal neurons. Neuron 44: 759–767. 2004

Bliss TV and Lomo T. Long-lasting potentiation of synaptic transmission in the dentate area of the

anaesthetized rabbit following stimulation of the perforant path. J Physiol. 232: 331–356. 1973
Bliss TV and Gardner-Medwin AR. Long-lasting potentiation of synaptic transmission in the dentate area of the anaesthetized rabbit following stimulation of the perforant path. J. Physiol. 232: 357–374. 1973

３章　「脳が成長する人」は警戒心を捨てている

Baxter MG and Murray EA. The amygdala and reward. Nat Rev Neurosci. 3:563-73. 2002
Krishnan V and Nestler EJ. The molecular neurobiology of depression. Nature. 455: 894-902. 2008

４章　「脳が成長する人」は早とちりする

Duman RS and Monteggia LM. A neurotrophic model for stress-related mood disorders. Biol Psychiatry. 59: 1116-27. 2006
Manji HK and Chen G. PKC, MAP kinases and the bcl-2 family of proteins as long-term targets for mood stabilizers. Mol Psychiatry. 7: S46-56. 2002
Manji HK et al. The cellular neurobiology of depression. Nat Med. 7: 541-7. 2001

５章　「脳が成長する人」はＰＤＣＡを回している

大野 裕『こころが晴れるノート―うつと不安の認知療法自習帳』　創元社　二〇〇三

６章　「脳が成長する人」はよく寝ている

Mirescu C. et al. Sleep deprivation inhibits adult neurogenesis in the hippocampus by elevating glucocorticoids. Proc Natl Acad Sci U S A. 103: 19170-5. 2006
太田龍朗、大川匡子、塩澤全司編　『臨床睡眠医学』　朝倉書店　一九九九

市村麻衣、田中和秀、大川匡子 「加齢と睡眠障害」『Annual Review 神経』三〇一—三〇九 二〇〇五

7章 「脳が成長する人」はストレスがたまらない

加藤 忠史 『うつ病の脳科学―精神科医療の未来を切り拓く』 幻冬舎新書
Morinobu S etal. : Influence of immobilization stress on the expression and phosohatase activity of protein phosphatase 2A in the rat brain. Biol Psychiatry 54: 1060-1066. 2003
田中和秀、高橋淳、森信繁、大川匡子、山脇成人 「抗うつ薬の抗不安作用について」『臨床精神薬理 6』 七三一—七三九 二〇〇三
森信繁、田中和秀、市村麻衣、大川匡子、山脇成人 「うつ病の薬物療法の限界―そのときどうするか―」『臨床精神薬理 9』一七六一—一七六六 二〇〇六

8章 みんなの脳を成長させよう

Kuwabara T et al. Wnt-mediated activation of NeuroD1 and retro-elements during adult neurogenesis, Nature Neuroscience 12: 1097-1105. 2009
Konishi M. Glia as neural progenitor cells. Ann. Rev. Neurosci. 8, 125-170. 1985
Medergaard M et. al.
Goldman SA et al. Strategies utilized by migrating neurons of the postnatal vertebrate forebrain. Trends in Neuroscience 21: 107-14. 2003
Eriksson PS et al. Neurogenesis in the adult human hippocampus. Nature Med. 4: 1313-7. 1998
Kempermann G et al. More Hippocampal Neurons in Adult Mice Living in an Enriched Environment. Nature 386: 493-5. 1997
Guzman-Marin R et al. Rapid eye movement sleep deprivation contributes to reduction of neurogenesis in

the hippocampal dentate gyrus of the adult rat. Sleep 31: 167-175. 2008

【著　者】
田中　和秀（たなか　かずひで）
1967年大阪府生まれ。医療法人ひつじクリニック理事長。滋賀医科大学医学部卒業。広島大学医学部大学院修了。医学博士。専門は神経精神薬理学、睡眠医学。産業精神科医として「働く心を科学する」をテーマに、脳科学の側面から個人の能力開発と組織改革に貢献している。著書に「うつ病の薬理　脳科学研究の成果」（共著、新興医学出版社）など。講演多数。

今すぐあなたを変える！
ビジネス脳を鍛える8つの行動習慣

2010年　4月　15日　　第1版第1刷発行

著者　田中　和秀

発行者　高橋　考
発行所　三和書籍
〒112-0013　東京都文京区音羽2-2-2
TEL 03-5395-4630　FAX 03-5395-4632
sanwa@sanwa-co.com
http://www.sanwa-co.com

印刷所／製本　モリモト印刷株式会社

ISBN978-4-86251-079-2 C2047

三和書籍の好評図書

Sanwa co.,Ltd.

オバマのアメリカ・どうする日本

日本のヒューマンパワーで突破せよ！

多田幸雄　谷口智彦　中林美恵子　共編
四六判　並製　278 頁　定価：1,800 円＋税

● 100 年に一度と言われている金融恐慌、日本全体を覆い尽くす閉塞感。その発端となった米国では、初の黒人大統領・オバマ政権が誕生。国内はもとより世界中から大きな注目を集めている。その米国と日本が今後うまく付き合っていくにはどうすれば良いのか？　マスコミ、日本語教育、親日・知日派の人材育成、NPO 法人といった視点から、民間の活力による米国との新しい関係のあり方を提案する。

【目次】

序章　これでいいのか、現在の日本

第１章　二〇一〇年（安保改定五十周年）を
日米関係の節目に

第２章　有事こそ民間パワー

第３章　突破力１　日本語教育

第４章　突破力２　人材育成

第５章　突破力３　国際基準のＮＰＯ

第６章　突破力４　女性パワー

第７章　ジャーナリスト三人に聞く
オバマ・アメリカとワシントン報道の真実
［司会・構成］谷口智彦
会田　弘継
堀田佳男
飯田香織（ＮＨＫ）

第８章　目覚めよ、日本のヒューマンパワー

三和書籍の好評図書

Sanwa co.,Ltd.

環境問題アクションプラン 42
意識改革でグリーンな地球に！

地球環境を考える会
四六判　並製　248 頁　定価：1,800 円＋税

●地球温暖化をはじめとする環境悪化は極めて深刻な状況であるのに、国民一般の認識はまだまだ追いついていません。そこで本書では、環境問題の現実をあらためて記述し、それにどう対処すべきかを 42 の具体的なアクションプランとして提案しています。本書の底流には、地球環境に対する個人の意識を変えて、一人ひとりの生き方を見直していくことが必要不可欠だとの考えがあります。表面的な対処で環境悪化を一時的に食い止めても無意味です。大量生産大量消費の社会システムに染まっている個人のライフスタイルを根本から変えなければいけません。

【目次】